EL MISTERI DE LA SELFIE FANTASMAL

EL MISTERI DE LA SELFIE FANTASMAL

Celia Camarasa Palencia

Círculo Rojo
EDITORIAL

Primera edición: septiembre 2025

Depósito legal: AL 5996-2025

ISBN: 979-13-7023-084-5

Impresión y encuadernación: Editorial Círculo Rojo

© Del texto: Celia Camarasa Palencia
© Maquetación y diseño: Equipo de Editorial Círculo Rojo

Editorial Círculo Rojo
www.editorialcirculorojo.com
info@editorialcirculorojo.com

Impreso en España — Printed in Spain

Per als meus i les meues alumnes

A cada estudiant que somia en un món millor,
és un llibre per a vosaltres, que cada paraula ací escrita
vos ajude a reflexionar, compartir i créixer amb valors
que il•luminen els vostres camins.

Índex

1
Vilaxarxes

Al poble tranquil de Vilaxarxes, semblava que el temps s'havia detingut en un passat encantador. Els carrers amb llambordes, consumits pel pas de les generacions, serpentejaven entre les cases pintoresques de teulades roges i façanes amb enfiladisses que semblaven abraçar-les amb tendresa. De nit, la tènue llum d'antics fanals banyava els carrers amb una resplendor daurada i creava, així, una atmosfera de nostàlgia.

Enmig d'aquest escenari de tranquil·litat i tendresa, la vida quotidiana dels adolescents es desenvolupava amb una mescla peculiar de tradició i modernitat. Entre ells, destacava Marta, una jove amb els cabells rulls, que li queien damunt dels muscles en forma de suaus bucles, i amb els ulls desperts, que semblaven absorbir cada detall del món que l'envoltava. Tant per a Marta com per a molts dels seus companys, el telèfon intel·ligent havia esdevingut una extensió de la seua mà, una finestra a un univers digital en què les interaccions virtuals tenien el mateix pes que les converses cara a cara.

Des de l'eixida fins a la posta del sol, Marta estava immersa en el món de les xarxes socials. La seua activitat en una infinitat de xarxes era constant, compartint cada moment de la seua vida amb les seues amistats virtuals. Tant selfies al parc, fotos del café matinal o vídeos de les aventures que vivia amb els seus amics.

Marta no deixava passar l'oportunitat de capturar i compartir cada instant per tal de buscar la validació i la connexió que les xarxes prometien oferir-li. Però, amagats darrere de la confiança que aparentava en el món digital, Marta guardava anhels i inseguretats. En un món en què la popularitat i a l'acceptació es quantificaven en *likes* i seguidors, ella s'esforçava per mantindre una imatge perfecta, per a això, acuradament, aplicava filtres a cada foto i rumiava abans de compartir qualsevol pensament o sentiment que poguera resultar menys ideal.

A Vilaxarxes, a mesura que el sol es ponia i les ombres s'allargaven sobre els carrers amb llambordes, Marta se submergia encara més en el món digital, buscant escapar de les pressions i expectatives del món real. Però, al fons del seu cor, sentia un anhel que anava més enllà de la validació superficial que les xarxes socials li podien oferir. Desitjava una connexió genuïna, un sentit de pertinença que transcendira els filtres i les pantalles lluminoses. I, al fons de la seua ment, Marta es preguntava si algun dia trobaria aquella connexió vertadera en un món dominat per l'aparença i la superficialitat.

Era un dia assolellat de primavera, el sol, imponent, s'estenia al llarg de Vilaxarxes i omplia el paisatge de llum i calor. Marta, a qui el vent li onejava, amb suavitat, els cabells rulls, estava amb els seus amics Lucas i Elena. A tots tres se'ls il·luminava una espurna d'emoció als ulls a mesura que es preparaven per endinsar-se en el bosc que vorejava els afores del poble. Armats amb una càmera digital i els telèfons mòbils, estaven decidits a capturar l'essència de la natura a través dels seus dispositius, amb ànsia per compatir el moment perfecte en els seus perfils socials.

El bosc, davant d'ells, s'estenia com un laberint misteriós d'arbres centenaris i arbustos frondosos, i la senda, dibuixant esses, desapareixia en la distància. A mesura que hi avançaven, el sòl cobert de fulles cruixia sota els seus peus i l'aroma fresc de la terra i la vegetació omplia l'aire. Els rajos de sol s'escolaven per les copes dels arbres i creaven, així, un joc d'ombres i llums que ballaven sobre el sòl del bosc. Alhora, els pardals cantaven melodies alegres damunt de les branques més altes. Una sensació d'anticipació electrificava l'ambient i carregava cada un dels seus passos d'una emoció palpable. Marta, Lucas i Elena es detenien de tant en tant per admirar la bellesa del bosc, capturant instantànies fugaces amb les seues càmeres i els seus telèfons. Cada imatge era una xicoteta finestra a la natura, un moment congelat en el temps, destinat a ser compartit i admirat pels seus amics i seguidors en línia.

A mesura que avançaven pel sender, semblava que el bosc cobrava vida al seu voltant: murmuris de fulles i branques moguts pel vent i la suau remor del rierol que fluïa en la llunyania. Per a Marta i els seus amics, cada pas era una aventura. Cada corba, una nova sorpresa per descobrir.

Així, a cada pas que feien, Marta, Lucas i Elena se submergien, cada vegada més, en la bellesa del misteri de la natura, ansiosos per capturar cada moment de la seua aventura per tal de compartir-lo amb el món en línia. Tot i això, en el racó més recòndit del bosc, alguna cosa aguaitava pacientment, observant en silenci des de les ombres, preparada per a manifestar-se quan menys s'ho esperaren.

—Ací! Aquest lloc és genial per a una selfie! —va exclamar Marta amb entusiasme, detenint-se davant d'una antiga cabanya coberta d'enfiladisses que s'erigia, majestuosa, entre els arbres del bosc. L'estructura, encara que el temps i la natura l'havien feta malbé, irradiava una bellesa misteriosa i encantadora que recordava als contes de fades de la infantesa de Marta. Les enfiladisses pujaven per les parets de fusta, com si intentaren abraçar la cabanya amb una tendresa silenciosa. I les finestres, cobertes de pols i ombres, semblaven guardar antics secrets en l'interior.

Marta es va apropar a la cabanya amb cautela. Va sentir que un calfred li recorria l'esquena quan va dirigir la mirada a la porta entreoberta. No sabia com explicar-ho d'una manera precisa, però sentia un calfred. No obstant això, tot i la sensació inquietant que emanava de la cabanya, Marta no va poder resistir la temptació de capturar el moment amb una selfie. Encara que li tremolaven les mans, decidida, amb una d'elles, va traure el telèfon i va estirar el braç per a emmarcar l'escena perfecta. L'antiga cabanya s'alçava, majestuosa, darrere d'ella, envoltada d'un halo de misteri i encant. Mentrestant, Marta treia un somriure entre emocionant i nerviós. En el moment en què estava a punt de prémer el botó per a tirar la foto, una ràfega de vent va murmurar entre els arbres i, així, va fer que les enfiladisses s'agitaren i que les ombres ballaren sobre el sòl. Marta va sentir com aquell calfred li tornava a recórrer la columna vertebral, però es va obligar a mantindre el posat mentre es preparava per a immortalitzar el moment.

Amb l'últim sospir d'anticipació, Marta va prémer el botó i va capturar la imatge amb el seu telèfon. L'antiga cabanya, amb la seua bellesa enigmàtica, va quedar congelada en el temps, a punt per a ser compartida a través de les xarxes socials. Però, en aquell moment, Marta desconeixia que la selfie no capturava la imatge de la cabanya només, sinó que en mostrava més, alguna cosa que aguaitava en l'ombra, i allò estava destinat a canviar el curs de la seua aventura per a sempre.

Després de comprovar que tots tres havien capturat la imatge amb els seus telèfons, el grup va reprendre l'exploració pel bosc, aliens a la presència fantasmal que els observa des de les ombres. A cada pas que feien, la sensació de ser observats semblava intensificar-se, com si els arbres els murmuraren antics secrets i les ombres s'allargaren en una dansa silenciosa.

Marta va tractar d'ignorar la sensació d'incomoditat que s'havia apoderat d'ella des que van deixar la cabanya a l'esquena, però sentia un nuc al centre del pit que es comprimia amb cada batec del cor. Per molt que intentara distraure's amb la conversa dels seus amics, la sensació persistia, com una ombra obscura que els sobrevolava en silenci. Va tractar de convéncer-se a si mateixa que allò només era la seua imaginació jugant-li una mala passada i que la cabanya i les seues històries havien avivat el seu nerviosisme sense cap motiu. Però, cada vegada que alçava la mirada i la dirigia als arbres torts i a les ombres allargades, sentia com aquell calfred li recorria l'espina dorsal, com si alguna cosa l'observara des de les profunditats del bosc.

A mesura que hi avançaven, el sol començava a pondre's sobre l'horitzó. Projectava, així, llampades daurades entre les branques dels arbres i tenyia el cel de tonalitats càlides i rogenques. La llum del dia començava a atenuar-se lentament i deixava pas a la foscor de la nit.

—Heu escoltat això? —va preguntar Marta, alhora que, abruptament, es va detindre, encollint la mirada en direcció al fosc dosser de branques que s'estenia sobre ells.

Lucas i Elena van bescanviar mirades nervioses abans de negar amb el cap.

—No hem sentit res —va respondre Elena. La seua veu, només un murmuri entre la foscor. Però Marta no n'estava convençuda. Havia escoltat alguna cosa, un eco quasi imperceptible entre les fulles, com el murmuri d'una veu que s'esvaïa amb el vent. I, mentre dirigia la mirada a la foscor del bosc que s'estenia davant d'ells, va sentir que una sensació de temor s'apoderava del seu cor, com si alguna cosa els aguaitara en l'ombra, esperant el moment de manifestar-s'hi.

—Crec que hauríem de tornar-hi —va suggerir llavors, mirant, nerviosa, els seus voltants—. Està fent-se tard i no voldria estar perduda al bosc quan es faça totalment fosc.

Lucas va assentir, deixant veure gestos d'estar-hi d'acord.

—Tens raó. Ja hi hem explorat prou hui. Un altre dia podrem tornar-hi si voldrem.

Marta es va sentir reconfortada perquè els seus amics estigueren d'acord amb la idea de tornar-hi. La sensació d'inquietud que l'havia estat perseguint des que van abandonar la cabanya s'intensificava a cada moment que passaven al bosc. Però, mentre feien mitja volta per tornar al sender, una ombra fugaç va captar la seua atenció.

—Què ha sigut això? —va preguntar Marta i, així, va aconseguir alarmar els seus amics amb aquell murmuri ronc.

—No n'estic segura —va respondre, vacil·lant, Elena— però crec que hauríem d'anar-nos-en ja.

Lucas estava completament d'acord amb elles.

Sense esperar cap resposta més, el grup es va afanyar a enfilar el camí de tornada a Vilaxraxes, mentre Marta sentia com li bategava el cor amb força al pit a cada pas que feien.

La foscor del bosc semblava que es tancava al seu voltant i els rodejava, així, en una abraçada freda i ominosa que Marta no aconseguia traure's de damunt. A la fi, després d'allò que es va sentir com una eternitat, el grup va emergir del bosc i va tornar a la seguretat de Vilaxarxes. Marta es va sentir alliberada d'haver tornat entre els llums parpellejants i els carrers familiars del poble, però la sensació d'inquietud que l'havia perseguida al bosc encara l'assetjava, com una ombra que no podia traure's de damunt.

Va arribar a sa casa amb un sospir d'alleugeriment, saludant els seus pares amb un somriure nerviós abans de pujar ràpidament les escales fins a la seua cambra. La sensació d'inquietud que l'havia perseguida al bosc encara l'acompanyava, com una ombra que es negava a desaparéixer. Quan ja estava a la seua cambra, va encendre l'ordinador i va començar a descarregar les fotos que havia tirat durant la seua aventura al bosc. Amb el cor bategant-li amb força al pit, va obrir la imatge de la selfie que s'havia fet davant de l'antiga cabanya. La va sorprendre que, en examinar la foto amb deteniment, va notar alguna cosa inusual. Al seu costat, en un cantó de la imatge, hi havia una resplendor, una llum borrosa que no recordava haver vist quan va tirar la foto. Arrufant les celles per pura curiositat, va ampliar la imatge i va observar la resplendor amb atenció.

La llum era com fluctuant i canviant en forma, com si estiguera viva, parpellejant en la foscor de la cabanya amb una intensitat inquietant. Marta es va preguntar què podria haver provocat aquella resplendor misteriosa i una sensació d'intriga es va apoderar d'ella mentre continuava examinant la foto, tot cercant-ne pistes sobre l'origen.

Marta va seure davant de l'ordinador, amb un suau tremolor a les mans sobre el teclat, mentre romania amb la mirada fixada en la imatge de la pantalla. Com si la llum borrosa en el cantó de la foto la hipnotitzara, com si estiguera tractant de comunicar-li alguna cosa que ella no era capaç d'entendre. El cor li bategava amb força al pit, mentre una sensació d'inquietud s'apoderava d'ella. Recordava el calfred que li havia recorregut l'espina dorsal al bosc, la sensació de ser observada des de les ombres i, alhora, en veure aquella llum borrosa en la foto, li resultava impossible no lligar ambdós moments. Quina connexió hi havia entre aquella resplendor estranya de la imatge i la sensació de malestar que l'havia perseguida al bosc?

Marta sabia que no trobaria respostes tan fàcilment, però hi havia una cosa segura: alguna cosa estranya passava a Vilaxarxes, i aquella cosa estranya escapava de la seua comprensió. Amb un sospir, va decidir guardar la imatge en la seua computadora i es va prometre a ella mateixa investigar més a fons el misteri de l'antiga cabanya. Estava decidida a descobrir la veritat, si és que se'n podia descobrir res.

2
Llums i ombres

L'endemà, Marta es va despertar submergida entre pensaments relatius a aquella resplendor misterio-sa. Es va afanyar a vestir-se i desdejunar, amb ànsia per iniciar la seua investigació. Amb la motxilla plena de provisions i amb el telèfon mòbil carregat, es va acomiadar dels seus pares amb un «adeu» escarit i va eixir de casa.

El sol brillava enmig d'un cel blau i irradiava la seua llum càlida sobre les llambordes dels carrers desèrtics de Vilaxarxes, mentre Marta es dirigia al parc del poble. L'aire fresc del matí li acariciava el rostre, tot fent-hi viatjar l'aroma fresc de la primavera. Amb un caminar decidit, es va endinsar en el parc, sentint els batecs del seu pit emocionat a mesura que s'apropa al lloc de trobada acordat amb els seus amics a través del xat del grup al qual vivien constantment connectats.

En arribar al banc, va ser rebuda amb abraçades i exclamacions d'alegria per part dels seus amics. El xat del grup havia estat ple d'especulacions i teories des de la nit anterior i, ara, estaven ansiosos per discutir el següent pas de la investigació d'«El misteri de la selfie fantasmal», nom amb el qual Marta havia rebatejat el grup de xat.

—Per tant, quin pla tenim? —va preguntar Elena, mirant Marta amb curiositat mentre tots s'asseien al banc del parc, on passaven les hores mortes des de feia un parell d'anys—.

—Jo crec que hauríem de tornar a la cabanya —va afirmar Marta amb determinació—. Hi ha quelcom allí que no veiem, alguna cosa lligada a les aparicions estranyes de les nostres fotos. —Perquè la resplendor de Marta no n'era l'única. En escriure a través del grup allò que havia descobert i reenviar la foto, els seus dos amics es van afanyar per comprovar les seues fotos, en les quals també es mostrava aquell centelleig inusual.

Assentint amb el cap en senyal d'acord, tots tres van mamprendre la marxa. A mesura que s'endinsaven en la foscor del bosc, Marta no va poder evitar sentir una espècie de temor, però es va obligar a continuar endavant, impulsada per la necessitat de descobrir què era allò que havia sentit ahir en aquell bosc i per què.

La llum del sol s'escolava a través de les fulles dels arbres i creava, així, un joc de llums i ombres que ballava sobre el sòl del bosc. No obstant això, a mesura que hi avançaven, la resplendor del dia començava a esvanir-se, substituït per la foscor que els abraçava com un mantell pesat. Els troncs dels arbres s'alçaven, imponents, al seu voltant, les branques dels quals s'entrellaçaven com si foren dits que intentaven atrapar-los en una obscura abraçada.

Marta liderava el camí amb un caminar ferm, guiant-los a través de la malesa i dels obstacles que trobaven pel camí. Al seu costat, Lucas i Elena seguien els seus passos, els cors dels quals bategaven al compàs del murmuri del vent entre els arbres. Cada pas que feien els apropava un poc més a la vella cabanya. I, a mesura que hi avançaven, la sensació de tensió electrificava l'aire al seu voltant. O, almenys, allò era el que sentia Marta llavors.

Després del que es va percebre com una eternitat, a la fi, van arribar a una clariana del bosc on es trobava la cabanya. L'estructura s'erigia davant d'ells, obscura i misteriosa, les parets de la qual estaven recobertes d'enfiladisses sinuoses, que semblava que pretenien arrossegar-la fins que la terra l'absorbira. L'aire estava carregat amb l'eco dels seus propis batecs i una sensació d'inquietud es va apoderar d'ells mentre contemplaven la casa en silenci.

Marta va tragar saliva, amb un nuc a la gola, mentre s'apropava a la porta entreoberta. Cada pas que feia ressonava enmig del silenci del bosc i el cruixit de les branques sota els seus peus semblava anunciar la seua arribada. Però, malgrat la por que la paralitzava, sabia que no podia retrocedir-hi. Necessitava saber-ne més.

Amb un sospir, Marta va espentar la porta i hi va entrar, seguida, de ben a prop, per Lucas i Elena. L'interior estava obscur i polsegós, amb teranyines que penjaven de les bigues del sostre, i el terra, cobert de fulles seques i brutícia. Una olor d'humitat i florit carregava l'aire, motiu pel qual arrufaven el nas mentre exploraven l'indret. L'escassa llum del sol aconseguia filtrar-se, amb forces, a través de les finestres brutes i projectava, així, ombres fantasmagòriques en les parets pelades.

Marta hi va avançar amb cautela, la seua mirada escodrinyava cada racó, tot cercant alguna pista que poguera abocar llum al misteri que voltava l'estança. Al seu costat, Lucas i Elena es movien amb nerviosisme, mentre les seues mirades exploraven la cambra amb una mescla de curiositat i aprensió.

Ara bé, el piulet del mòbil de Lucas, que guardava a la butxaca de darrere del pantaló, el va alertar que alguna cosa anava malament. Va traure el telèfon, amb l'esperança de trobar alguna classe de senyal de connexió que indicara que estaven prop de la civilització, però es va trobar amb una pantalla en blanc. Amb les celles arrufades, va intentar cridar per telèfon, però el dispositiu no hi va respondre.

—Que passa res, Lucas? —va voler saber Marta davant del parer de preocupació al rostre del seu amic—.

—No tinc cobertura —hi va respondre l'amic, mentre mirava el telèfon amb frustració—. Sembla que cap dels nostres dispositius funciona ací dins.

Marta va bescanviar una mirada de preocupació amb Elena, qui els havia estat observant en silenci.

—Què creus que significa? —va preguntar. La seua veu, un mer murmuri entre la quietud de la cabanya. Lucas va arronsar les espatlles, incapaç de trobar-hi una explicació lògica.

—Sembla que, si ens hi quedem atrapats, no tindrem manera de comunicar-nos amb l'exterior —va dir a la fi. I, en aquell moment, van observar amb expectació com Elena desfeia el camí i eixia a l'exterior.

La porta es va obrir amb un xerric i revelava, així, una espècie de claredat, que era insuficient, i el murmuri del vent que s'escolava dins de la cabanya. Elena se'n va allunyar uns metres, amb la mirada fixada en el seu mòbil mentre buscava senyal. El silenci es va allargar, mentre Marta i Lucas esperaven, vigilants, amb l'ai al cor. A la fi, Eleva va aturar els seus passos i va alçar la mirada, llavors, va dibuixar una expressió de sorpresa i d'alliberament.

—Ací hi ha cobertura! —va cridar a uns 300 metres de la cabanya—. Almenys, en aquest punt.

Marta va avançar lentament per la sala principal, els seus passos ressonaven sobre el sol d'una fusta desgastada. La penombra de l'interior era penetrada, vagament, per la llum que s'escolava per les finestres polsegoses. Amb la mirada, escodrinyava cada racó, tot cercant pistes sobre l'origen de les estranyes aparicions en les seues fotos, mentre, amb els dits, acariciava les parets cobertes d'hedra seca. Les teranyines penjaven del sostre.

Estava clar, no existia cap punt de llum que poguera reflectir cap classe de resplendor en aquells finestrals engrudosos i fer-los arribar a l'exterior perquè eixiren reflectits en cap foto.

En un racó, una taula de fusta massissa s'erigia solitària, coberta de pols i ombres. Al damunt, hi descansava un vell telèfon fix de disc, el cable del qual feia caragols, fet un bolic, com una serp quan dorm. L'aparell, obsolet ara, en l'era dels telèfons intel·ligents, semblava guardar secrets del passat entre els seus botons anacrònics i el seu dial giratori. Junt al telèfon, hi havia antics jocs de taula, les caixes dels quals estaven desgastades i les peces de fusta, descolorides pel temps. Marta recordava dèbilment haver-n'hi vist de similars a casa dels seus iaios. Una relíquia del passat que contrastava amb la tecnologia moderna d'ara, amb la qual ella estava totalment familiaritzada. Era com si la cabanya fora un refugi del passat, un lloc on els records d'èpoques passades s'aferraren, amb obstinació, a la realitat.

Els seus ulls es van detindre en un l'àlbum del qual eixien fotos velles i groguenques. Alguna cosa de l'àlbum va cridar la seua atenció.

—Heu trobat res? —va cridar Elena des de l'exterior de la casa. S'havia negat a tornar a entrar en la cabanya per temor a quedar-s'hi tancada i, als seus amics, els havia paregut bona idea la prevenció que els proporcionava que un d'ells en vigilara l'exterior.

—No! Has de tindre-hi paciència! —va respondre Lucas—. Quasi no ens hi veiem amb les llanternes dels mòbils.

Marta va destapar l'àlbum i va començar a fullejar-ne les pàgines amb reverència. Cada foto en blanc i negre era com una finestra al passat. Revelaven escenes de la vida a la cabanya en els seus dies de glòria. En les imatges, famílies de diferents èpoques hi posaven davant de la porta. Els seus rostres, il·luminats per uns somriures radiants, desafiaven el pas del temps. Els xiquets jugaven al jardí, corrent entre les flors i rient a carcallades, mentre el sol s'escolava entre les fulles dels arbres. I, de nit, la cabanya s'omplia de vida amb persones reunides al voltant de la llar, compartint històries, cançons i partides de dòmino.

Mentre Marta continuava fullejant les pàgines de l'àlbum, la seua mirada es va detindre en una foto en particular en què un grup de persones romania quiet davant de la cabanya, amb el parer seriós i ombriu. Marta va percebre que les persones de la foto no celebraven res ni es divertien com en la resta d'imatges, sinó que les seues mirades estaven plenes de preocupació i determinació, com si estigueren afrontant alguna espècie de desafiament. Intrigada, li va mostrar la foto a Lucas.

—Què penses que estan fent estes persones? —Lucas va arrufar les celles, tot estudiant la foto.

—No n'estic segur —va admetre—. És com si estigueren davant d'alguna espècie de perill, com si tractaren de defendre la casa.

Marta va assentir, alhora que identificava una espècie de calfred recorrent-li l'esquena. Era evident que la història de la cabanya estava lligada a la història del poble. Es va ficar l'àlbum de fotos dins de la motxilla, va fer una vintena de fotos a tot allò que es va trobar a la taula i va mamprendre una exploració a fons de la casa per tal de cercar-ne més pistes. Va enfilar una porta que estava de par en par a l'altra banda de la sala principal. Lucas la seguia. La curiositat guiava Marta al que era desconegut.

A cada pas, el terra xerricava sota els seus peus, de manera que tenia present l'antiguitat de la casa i la història que s'ocultava entre les parets de fusta. Va empényer la porta amb cautela i, així, va descobrir una cambra que semblava que el temps l'havia congelada. Marta es va aturar un moment per tal que els seus ulls es feren a la penombra. I, tot seguit, en va iniciar l'exploració. Va topetar un racó ple de llibres antics, les pàgines dels quals romanien groguenques pel pas del temps i les cobertes, desgastades per l'ús. Fins i tot costava llegir-ne alguns títols.

Lucas i Marta van continuar explorant la cabanya. Van trobar una taula coberta de pols, sobre la qual descansava un tauler d'escacs i un llum d'oli. Al costat, hi havia un telèfon fix de disc, similar al que havien vist al saló principal. Marta es va detindre davant del telèfon, sentint una estranya connexió amb el passat, mentre imaginava les converses que es podrien haver reproduït a través d'aquell dispositiu en una altra època. Mentre tirava fotos dels objectes antics, va percebre alguna cosa, com si hi haguera algú més a l'estança amb Lucas i ella, però va decidir ignorar els seus temors per no espantar Lucas. Al cap i a la fi, només era una sensació i desitjava continuar explorant-hi fora com fora.

—Has trobat res interessant? —va preguntar Lucas des de l'altra punta de la cambra, mentre examinava un rellotge vell de pèndol que penjava de la paret.

—Encara no —hi va respondre ella.

Decidida a prosseguir-hi, Marta es va dirigir a una altra porta, que conduïa al que devia ser el soterrani. Va baixar les escales, fent servir la llum del seu telèfon per a il·luminar-ne el camí. L'aire era fred i carregat. Quan va arribar a la fi de les escales, es trobava en una cambra xicoteta i claustrofòbica. Al centre, gràcies a la llum del seu mòbil, va ataüllar una taula coberta d'objectes desordenats, ferramentes rovellades, flascons de vidre buits i altres objectes que la van fer pensar en restes d'experiments científics.

Mentre examinava els objectes de ben a prop, una cosa va copar la seua atenció: un antic diari, ple de pols i arrugat pel pas del temps.

Va començar a fullejar-ne les pàgines, tot cercant pistes que pogueren abocar llum al misteri de la cabanya. A mesura que passava pàgines desgastades, Marta va comprendre que el diari pertanyia a algú que havia viscut allí feia molts anys.

Les entrades estaven plenes de detalls sobre la vida quotidiana al camp, tot descrivint les tasques de la llar, les collites al jardí i les interaccions amb el veïnat del poble. En canvi, entre les descripcions mundanes, hi havia referències a successos inexplicables i a una presència misteriosa. Malauradament, la falta de llum i l'estat deteriorat de l'enquadernació en dificultava la lectura i no va poder avançar-hi massa, de manera que va decidir tornar a obrir la seua motxilla

per a guardar-hi el diari, així com ho havia fet amb l'àlbum de fotos,

per tal de revisar-lo, a la menuda, més avant.

Marta i Lucas van tornar a l'estança principal, van revisar cada moble, van examinar cada detall de l'estructura antiga, però era com

si aquell indret guardara els seus secrets amb zel.

Mentrestant, Elena continuava vigilant l'entrada de la cabanya, observant, amb atenció, els voltants del bosc, tot cercant qualsevol moviment sospitós. Encara que, inicialment, havia amagat la preocupació que li generava la idea d'explorar aquella casa suposadament encantada, el seu sentit de l'aventura i lleialtat vers els seus amics la van portar a unir-se'n a la cerca.

De sobte, Marta va percebre alguna cosa peculiar en un racó de l'estança: un baül vell de fusta tallada, cobert de teranyines i pols. Li va fer un gest a Lucas i, tot seguit, es van apropar al baül i el van obrir amb cura. A l'interior, hi van trobar una col·lecció d'objectes antics: una llanterna oxidada, un rellotge de butxaca aturat en el temps i un paquet de cartes engroguides nugat amb una cinta de ras desgastada. Molt àgilment, Marta va desfer el nuc de la cinta i es va disposar a llegir les cartes atentament, ajudant-se de la llanterna del mòbil. A mesura que avança en la lectura, el seu parer es tornava, cada vegada, més seriós, com si estiguera davant d'una trobada de gran importància.

—Que passa res? —va preguntar Lucas en intuir el canvi en l'expressió de la seua amiga. Marta va alçar la mirada, amb el rostre tenyit d'una mescla d'emoció i preocupació.

—Estes cartes —va dir en veu baixa— són de la família que va viure ací des de fa diverses generacions. Parlen de fenòmens estranys que van ocórrer a la cabanya, de llums misterioses que apareixen de nit i d'una presència obscura que voltava els racons més foscos del bosc.

De nou, un calfred va recórrer l'espina dorsal de Marta. La foto antiga en què el grup de persones se sentien com amenaçades per quelcom o per algú, una sala d'experiments, una presència obscura... Tot allò semblava la confirmació dels seus temors: allò que tenien al davant era més perillós de com ho havien imaginat.

—Crec que hauríem d'anar-nos-en —va murmurar—. Açò és massa estrany —va suggerir Marta, guardant-se, amb presses, les cartes dins de la motxilla.

Lucas va assentir, no sabia ben bé què era allò que havia alarmat tant la seua amiga, però confiava en ella amb els ulls tancats. Mai li havia fallat. En canvi, abans que tingueren temps a moure's, un murmuri va ressonar des de l'exterior de la cabanya, acompanyat del so d'uns passos que s'hi apropaven ràpidament. Marta i Lucas van bescanviar mirades, sabien que alguna cosa anava malament.

—Elena... —van murmurar alhora, ja que van recordar que la seua amiga encara estava fora.

Marta va enfilar, de nou, la porta. Lucas la seguia només uns passos per darrere. Junts, van eixir corrents de la cabanya i van topetar Elena, que els mirava, sorpresa, des de l'entrada.

—Què vos passa? —va voler saber en percebre l'angoixa en la mirada dels dos amics.

—Ara vos ho conte —va prometre Marta—, però hem d'anar-nos-en ja!

Els tres amics, als quals el cors els bategava amb força, envaïts per una sensació de temor en cada racó d'ombra, es van afanyar a allunyar-se de la cabanya abandonada. A mesura que se n'allunyaven, Marta no va poder evitar dirigir la mirada al que deixaven enrere i va sentir una presència invisible que els observava des de la foscor del bosc.

3
La cerca

Amb el cor encara palpitant per l'experiència viscuda a la cabanya, els tres amics, amb l'eco dels seus passos ressonant enmig del silenci de la nit, es van afanyar a tornar a Vilaxarxes. Cada xafada marcava la seua progressió al sender, mentre que la foscor del bosc els abraçava com un mantell amenaçant. Els murmuris de les branques, que s'estrenyien, els acompanyaven pel camí i creaven, així, una banda sonora inquietant per a la seua fugida.

En arribar a la casa de Marta, la urgència marcava tots els seus moviments. Amb una ànsia palpable, es van dirigir directament al dormitori de la jove, on es van traure les caçadores. Marta va ficar la seua motxilla dins de l'armari i va engegar l'ordinador portàtil. Va començar a buscar, frenèticament, en internet, informació relativa a la cabanya i als fenòmens estranys que hi havien presenciat. Elena i Lucas l'observaven, plens de nervis, mentre intercanviaven comentaris i suggeriments, tractant de trobar respostes en l'àmplia xarxa d'informació a través dels seus mòbils i tauletes digitals, que havien desplegat sobre la moqueta del dormitori.

Marta va obrir el seu navegador i va començar a buscar, en Google, informació sobre cabanyes abandonades i successos misteriosos a la regió. Cada clic era com endinsar-se en un laberint d'històries inquietants i llegendes urbanes. Entre les pàgines web i els fòrums de discussió, Marta buscava, amb desesperació, alguna pista que poguera abocar llum sobre allò que havia experimentat a la cabanya perduda del bosc, així com sobre la resplendor que es reflectia tant en la seua foto, com en les dels seus amics.

Elena, per la seua banda, va revisar el seu perfil d'una xarxa social local amb l'esperança de trobar algun indici entre els seus contactes. Va publicar una pregunta sobre experiències estranyes a la cabanya, instant qualsevol persona que poguera tindre-hi informació a contactar amb ella. Movia els dits, amb agilitat, sobre el teclat, per tal de redactar cada una de les seues paraules amb precisió, mentre esperava, amb ànsia, qualsevol resposta que poguera abocar llum sobre què havia ocorregut.

Mentrestant, Lucas navegava per un fòrum de discussió paranormal obscur i misteriós, submergint-se en relats d'esdeveniments inexplicables i encontres amb ens sobrenaturals. Amb els ulls, escodrinyava cada fil de la conversa, cada testimoni d'aquelles persones que afirmaven haver viscut fenòmens més enllà de la comprensió humana. Entre teories conspiratòries i relats fantàstics, Lucas buscava pistes que pogueren relacionar la seua experiència amb altres esdeveniments ocorreguts en llocs llunyans. Cada missatge l'apropava, un poc més, al cor del misteri, cada paraula escrita per usuaris desconeguts en l'obscuritat d'internet era una peça més en el trencaclosques que tractava de resoldre.

En canvi, a mesura que passaven les hores, la tensió entre ells augmentava, com una corda que s'estira fins que no ho resisteix més. La diferència entre les seues opinions sobre com procedir-hi generava discussions acalorades. Cada paraula, que esdevenia una espurna que aviva el foc de la discòrdia, i, amb les emocions a flor de pell, va fer que les paraules es tornaren tan afilades com ganivets.

—No podem continuar perdent el temps d'esta manera! —va exclamar Marta amb frustració—. Hem de centrar-nos-hi i trobar-hi una solució.

—Però és que no trobem res útil en les xarxes! —hi va respondre Lucas amb la veu carregada de desesperació—. I si tot açò és una pèrdua de temps?

Elena intentava calmar els ànims amb paraules suaus i gestos de confort, però, fins i tot la seua paciència infinita començava a desgastar-se davant de la discòrdia persistent que carregava l'ambient del dormitori. Fins i tot el silenci es va tornar ensordidor, mentre que la tempesta emocional rugia en l'interior de cada un d'ells. Era evident que, amb la seua cerca, no obtenien els resultats que esperaven, i allò els frustrava, i de quina manera!

—Açò és ridícul! —va exclamar Lucas—. Marta, però tu creus que trobarem informació només teclejant i esperant-hi?

—Però si jo no he dit això! Però tampoc no tenim moltes més opcions. —Marta va tornar a dirigir l'atenció a la pantalla de l'ordinador—. Si, en compte de protestar-hi, et concentrares a trobar el fòrum correcte...

—Això sí que no t'ho passe! Porte ací dues hores per una de les teues sensacions, així que...

La discussió va escalar ràpidament, cada u defensava la seua postura amb vehemència. Les paraules van esdevenir dagues afilades, que ferien i dividien els amics que, una vegada, foren inseparables.

—Ja n'hi ha prou! —va exigir Elena, frustrada per la falta de respecte entre els seus amics—. No podem continuar així!

Elena i Lucas van bescanviar mirades de tensió, cada un s'aferrava, amb obstinació, al seu punt de vista. La tensió al dormitori quasi es podia palpar i cap dels amics estava disposat a cedir-hi.

—Açò és inútil! —va protestar Lucas—. No estem aconseguint res!

—Però no ens podem rendir ara! —va respondre Marta, amb la veu tremolosa, però decidida—. N'hi ha més a la cabanya, ho sé!

—Potser hauríem de descansar —va suggerir Elena, en veu baixa, però amb determinació—. Els tres estem massa tensos i cansats per a prosseguir-hi.

Van passar les hores, tanmateix, la son no arribava als ulls dels amics. Al matalàs de cada un d'ells, que estaven tirats en terra, tots tres rumiaven, tractant de trobar respostes a les preguntes sense resoldre que els rondaven el cap.

Marta se sentia aclaparada per la responsabilitat que li atorgava liderar la cerca de la veritat sobre la cabanya. Cada intent fallit per tal de trobar informació en internet la feia dubtar sobre la seua capacitat per a resoldre el misteri. Es preguntava si, potser, havien perseguit ombres, si la cabanya, en realitat, amagava secrets obscurs o si, simplement, tot havia estat un producte de la seua imaginació.

Elena, per la seua banda, se sentia atrapada enmig de la tensió que havia sorgit entre els seus amics. Volia trobar la manera de reconciliar les seues diferències i tornar a l'harmonia que, una vegada, van compartir, però no sabia com. I tampoc sabia, de ciència certa, si tota aquella cerca, basada en la resplendor d'unes fotos, i la sensació de la seua amiga era una bovada.

Lucas, enutjat i frustrat, sentia impotència davant de la falta de progrés en la cerca i davant de la tensió, que augmentava, entre ell i Marta. Es preguntava si, en algun moment, podrien resoldre el misteri de la cabanya o si allò era tota una pèrdua de temps.

A la fi, quan els primers rajos de sol van començar a escolar-se per les finestres, els tres amics es van adonar que no podien seguir així. Calia que deixaren de banda les seues diferències i treballar, conjuntament, si volien tindre alguna esperança per tal de resoldre el misteri de la cabanya. Amb una determinació renovada, Marta, Elena i Lucas es van reunir a la sala d'estar de la casa de Marta per a desdejunar. Van parlar en veu baixa, compartint els seus pensaments i preocupacions, alhora que tractaven de trobar una manera d'avançar-hi.

—Crec que ens hem perdut en la cerca de respostes —va dir Marta—. Ens hem centrat massa en la informació d'internet i hem oblidat confiar en la nostra capacitat i els coneixements que tenim.

Elena va assentir, en reconeixement de la vàlua de les paraules de la seua amiga.

—Tens raó —va dir ella—. Tal vegada hauríem de deixar de buscar respostes fora i començar a cercar-les dins.

Lucas va arrufar les celles, pensatiu.

—Però com sabrem amb certesa que les nostres respostes són vàlides? —va preguntar ell—. I si ens estem enganyant a nosaltres mateixos?

Marta hi va somriure, amb una espurna de determinació als ulls.

—Només hi ha una forma d'esbrinar-ho —va dir—. Hem de tornar a la cabanya.

Els tres amics van bescanviar mirades de complicitat i determinació. Sabien que el camí que tenien al davant seria difícil i perillós, però estaven disposats a afrontar-ho junts, així com ja ho havien fet tantes vegades. Van tornar a la dormitori, van agafar els seus dispositius, acabats de carregar, i van eixir de la casa de Marta per a fer front al pròxim desafiament. I, tot i que el camí que tenien al davant estava ple d'incerteses, sabien que, sempre que estigueren junts, podrien superar qualsevol obstacle.

Decidits a resoldre el misteri de la resplendor que apareixia en les seues selfies, van bescanviar mirades de determinació i es van dirigir, de nou, a la cabanya. L'aire estava carregat d'una mescla d'emoció i nerviosisme a mesura que s'endinsaven en el bosc. Cada pas que feien els apropava, un poc més, a la veritat que buscaven.

Quan ja estaven ben a prop de la clariana on s'erigia l'edificació, Marta va traure el seu mòbil i va començar a buscar, en xarxes, la seua localització. Però el senyal del mòbil al bosc era dèbil i les pàgines web pràcticament ni carregaven.

—No podem dependre d'internet per a tot. —Marta es va guardar el telèfon a la butxaca—. Haurem de confiar en els nostres instints i en la nostra capacitat per a resoldre açò.

Amb aquesta determinació, els tres amics van reprendre el camí. A mesura que s'hi apropaven, sentien l'energia en l'aire, una mescla d'anticipació i misteri que els impulsava a continuar avant.

A la fi, van arribar a la cabanya i s'hi van detindre davant, observant-la cautelosament. El sol brillava sobre la teulada de pissarra i il·luminava, així, les parets desgastades i les finestres polsoses. Però, tot i desolació que aparentava, semblava que la cabanya estava plena de vida, perquè brunzia amb una energia misteriosa que els convidava a entrar-hi.

A mesura que Marta, Elena i Lucas exploraven la cabanya, van percebre que semblava que no havia canviat res des de l'última vegada que hi havien estat. Les taules, cobertes de pols, continuaven sent el testimoni silenciós del pas del temps. Les teranyines penjaven del sostre, com si foren fines cortines atrapades en l'oblit. I la foscor abraçava cada racó d'una manera en què ocultava secrets que es resistien a ser revelats.

—No és estrany? —va murmurar Elena, mentre passava la mà per la superfície polsosa d'una taula—. Pensava que, esta vegada, sí que topetaríem alguna troballa.

Marta va sospirar en sentir com l'emoció s'esvaïa, a poc a poc, del seu pit.

—Sí, jo també ho creia. Però sembla que estem en un punt mort.

Lucas va assentir, mirant al seu voltant amb cara de decepció.

—Potser hauríem d'haver investigat més en xarxes abans de vindre-hi. Potser hauríem fet alguna troballa que ens ajudara a entendre què està passant-hi... Ho heu comprovat en TikTok? De vegades, hi ha vídeos en què...

—Siga com siga, ací dins no hi ha ni rastre de cobertura —va recordar Elena.

—És com si la cabanya tinguera alguna espècie de protecció —es va dir a si mateixa Marta en veu baixa.

—Què hi fem ara? —va preguntar Elena. La seua veu ressonava en la foscor.

Marta es va mossegar el llavi, mentre pensava quina seria la millor manera de procedir-hi.

—Crec que hauríem de tornar a revisar cada racó de la cabanya. Potser ens hem perdut alguna cosa, algun detall que podria abocar llum sobre què ocorre ací.

Els tres amics es van dispersar per la cabanya per tal d'examinar cada moble i cada racó, tot cercant qualsevol pista que pogueren haver descuidat. Però, a mesura que passaven els minuts i la frustració augmentava, van començar a preguntar-se si, en algun punt, trobarien les respostes que buscaven. Marta va fotografiar cada racó, però no es va manifestar res davant de l'objectiu de la càmera del seu mòbil, estava massa fosc. I, a banda, tenia la sensació d'haver fotografiat cada clevill de les parets, cada teranyina dels mobles.

—Açò és una pèrdua de temps —va murmurar Lucas, alhora que deixava caure els muscles, desanimat—. Ací no n'hi ha res.

Marta el va mirar, trista. Sentia que l'esperança s'esvaïa a poc a poc.

—No podem rendir-nos-hi ara —va dir, tractant de mantindre el to ferm—. Potser estem descuidant alguna cosa.

Però, com més inspeccionaven la cabanya, més es convencien que res no havia canviat. La sala d'experiments estava tan deserta com l'última vegada, les taules, plenes de pols, no revelaven cap secret i la foscor no havia deixat de voltar-los entre els seus braços freds i silenciosos.

—Ho sent, xics —va dir Marta, mentre lluitava per amagar que ella mateixa estava decebuda—. Pensava que, esta vegada, sí que trobaríem alguna cosa.

Amb un sospir de resignació, els tres amics van deixar la cabanya enrere i, de nou, es van endinsar en el bosc.

4
La biblioteca

Els dies següents van transcórrer amb una monotonia inquietant en la vida de Marta. Com sempre, a sa casa, quasi no coincidia amb els seus pares, que estaven submergits en les seues feines, tant en oficines, com en despatxos que havien muntat, improvisadament, a casa. El brunzit constant de la impressora i el clic dels teclats carregaven l'ambient i creaven, així, una atmosfera d'ocupació permanent.

A l'institut, Marta seguia les classes a través de la seua tauleta digital i el seu portàtil escolars, de manera que mantenia una distància virtual amb els seus companys. Observava com, així com li passava a ella, la majoria dels companys romanien amb el cap acatxat, de cara a les pantalles dels seus dispositius, absorts en els seus propis mons digitals. Els grups menudets que es formaven fora de les aules quasi no s'intercanviaven paraules, ja que es concentraven més en les seues converses virtuals que en les reals.

El silenci regnava a Vilaxarxes, tant a l'institut com al carrer. Les fotos que Marta va trobar a la cabanya, ara, cobraven un significat encara més inquietant, perquè reflectien la quietud i la falta de moviment que havia començat a percebre en el seu entorn. A mesura que caminava pels carrers, que romanien deserts, Marta se sentia, a cada vegada, més sola, com si estiguera atrapada en una bambolla de silenci que la separava del món exterior.

A més a més, durant els últims dies, el grup de xat El misteri de la selfie fantasmal havia estat molt més quiet que de costum. Cap nou missatge il·luminava la pantalla del seu telèfon, cap notificació trencava el silenci digital que els envoltava. Marta donava per fet que els membres del grup estaven tan decebuts com ella per no haver trobat cap pista sobre la cabanya i la resplendor misteriosa que havien capturat les seues selfies.

La sensació de desconnexió i aïllament s'apoderava, a poc a poc, de Marta, i l'estrenyia en una boirina d'incertesa i temor. Mentre el món del seu voltant se sumia en el silenci, ella s'aferrava a l'esperança que, algun dia, trobaria les respostes que tant anhelava, encara que això significara endinsar-se en un món desconegut i haver de fer front als secrets més ocults de Vilaxarxes.

Per això, durant les últimes nits, Marta es va submergir en una investigació molt més profunda que la que havia portat a terme amb els seus amics. Va dedicar hores a examinar, al detall, cada una del centenar de fotos que havia tirat dins i fora de la cabanya. Va fer servir una gran varietat d'aplicacions professionals de fotografia per a posar en relleu els detalls i millor la qualitat de les imatges. Però, malgrat això, semblava que els seus esforços no donaven resultats. Encara que buscara, cada vegada més i més, en internet i analitzara cada cantó de les fotografies, no aconseguia trobar cap pista que l'apropara a l'origen d'aquella resplendor misteriosa.

Va ser en aquell moment quan un dels cercadors en què havia introduït una de les fotos que ella mateixa havia tirat a la cabanya li va tornar una imatge borrosa que va cridar la seua atenció. Encara que la qualitat de la imatge era, com a mínim, millorable, Marta va poder distingir un títol borrós en el peu de la foto: «Arxiu procedent de la biblioteca pública». El cor li va fer un salt i, alhora, una espurna d'esperança es va encendre dins d'ella. Va decidir que, l'endemà, visitaria aquell edifici que pareixia aban-donat, ubicat als afores de Vilaxarxes. Un edifici que no havia xafat mai de la vida.

L'endemà, Marta es va alçar, matinera, només havia descansat unes poques hores per culpa de la seua incessant cerca de respostes. Malgrat el cansament, l'emoció i la de-terminació la van espentar a alçar-se del llit i preparar-se per a visitar la biblioteca. Havia decidit no avisar els seus companys per tal d'evitar decebre'ls, encara més, si no hi trobaven informació al respecte, encara que una sensació dins d'ella l'advertia que, per fi, havia trobat el fil del qual estirar.

En arribar a l'edifici, Marta es va aturar un moment per a observar-lo. Aquella façana grisa, amb pelats, tenia taques d'humitat i algunes finestres cobertes de pols i bru-tícia. L'indret quedava sumit en una atmosfera d'abando-nament i desolació, com si la biblioteca haguera passat a l'oblit pel pas del temps i per la comunitat que, una vega-da, la va freqüentar.

Vacil·lant en els seus passos, Marta va empényer la porta principal i va entrar en el vestíbul, una estança fosca i silenciosa. L'eco dels seus passos ressonava en unes parets nues, mentre ella avançava en direcció a l'aparador d'informació, quasi imperceptible en la penombra. Una vegada hi va entrar, Marta va topetar la bibliotecària, la mirada de la qual, cansada i trista, reflectia l'estat d'abandonament del lloc. En canvi, malgrat la seua aparença descurada, va rebre Marta amb amabilitat, escoltant atentament l'ajuda que li demanava.

Després de consultar, per un moment, un vell catàleg d'arxius, la bibliotecària va desaparéixer entre les ombres de les prestatgeries, mentre buscava als racons més obscurs de l'edifici, tot cercant informació. A la fi, hi va tornar, amb un llibre recobert de pols a les mans.

—He trobat açò —va dir, mentre li'l lliurava a Marta amb un somriure cansat—. És l'única cosa que pogut trobar sobre la cabanya del bosc.

Marta va agafar el llibre, tremolosa, mentre sentia com l'emoció i l'anticipació li recorrien les venes. Amb cura, el va obrir i va començar a fullejar-lo, tot cercant qualsevol pista que poguera apropar-la a aquella veritat que tant anhelava. A mesura que avançava per unes pàgines desgastes i groguenques, Marta va topetar una entrada que semblava prometedora. Una breu descripció d'una cabanya del bosc, propietat d'una família desconeguda, va despertar el seu interés i va avivar la seua determinació a resoldre el misteri que envoltava aquell lloc.

Però el que més li va cridar l'atenció fou la fotografia, en blanc i negre, que acompanyava la descripció. En la foto es veia una família, els Montenegro, disposats davant de la cabanya. Dos homes, amb el parer seriós i immutable, flanquejaven una dona que tenia una mirada penetrant. La dona sostenia un bebé al braç, els homes, per la seua banda, feien la impressió d'estar protegint la propietat vehementment. Tot i que la imatge era antiga i borrosa, Marta va reconéixer, de seguida, el paregut entre els homes de la foto i els homes que apareixien en la que trobaren a la cabanya abandonada.

Amb el cor bategant-li amb força, Marta va fotografiar les pàgines del llibre que parlaven dels Montenegro i va tancar el llibre amb cura. La connexió entre les dues imatges només servia per a incrementar la seua intriga i el seu desig de descobrir la veritat. Però, abans de poder continuar investigant-hi, Marta es va adonar que la biblioteca estava a punt de tancar. Va decidir que la millor opció era tornar a casa i continuar la cerca a través d'internet, ja que ara sí que podia comptar amb un poc d'informació des de la qual partir. Per a començar-hi, el nom de la família. Sabia que havia de compartir la seua troballa amb Elena i Lucas, però, alhora, una part d'ella també sentia la necessitat de mantindre esta nova pista en secret fins que poguera confirmar-ne més detalls.

En arribar a casa, va encendre el portàtil i va començar a buscar informació sobre la família Montenegro. Després de diversos intents frustrats, a la fi, en va trobar una referència en un antic periòdic digital de Vilaxarxes.

L'article parlava d'un incident que havia ocorregut feia dècades a la cabanya dels Montenegro, un succés que involucrava els homes de la fotografia i que havia generat especulacions al poble durant anys. Des que la dona que eixia en la foto de la biblioteca, germana dels Montengro, havia desaparegut amb el seu fill, sense deixar-ne pistes, els homes de la família no van voler relacionar-se amb la resta del poble. Ni tan sols eixien de la cabanya ni de la clariana que l'envoltava. Conreaven els seus propis aliments, construïren els seus propis pous... Van anar fent tot allò que estava al seu abast per no haver de coincidir amb ningú.

No es va saber res més de la seua germana, les males llengües del poble contemplaven diferents opcions: des de la hipòtesi que la dona va decidir abandonar la tristor i monotonia del bosc o, fins i tot, que havia pegat a fugir amb uns titellaires que havien estat vagant pel poble durant un parell de setmanes.

El cas era que la jove i el bebé van desaparéixer, i el veïnat no va tornar a veure els germans Montenegro fins que els serveis socials es van haver de fer càrrec d'ells a causa de la seua edat avançada.

Marta es va submergir en el silenci del seu dormitori, mentre les paraules de l'article ressonaven al seu cap. Cada detall, cada revelació, la feia sentir més a prop del perquè d'aquella resplendor en les selfies. En canvi, sabia que no podia permetre's actuar precipitadament. Necessitava temps per a reflexionar, per a processar la informació que havia descobert i esbrinar com utilitzar-la fins a desentranyar el misteri de la resplendor fantasmal.

El rellotge del seu portàtil marcava les hores i Marta, entretant, es perdia en els seus pensaments. Va sentir la temptació de compartir les seues troballes amb Elena i Lucas tot seguit. Però, dins d'ella, una veu li deia que era millor esperar, que necessitava ordenar les seues idees abans de contactar amb els seus amics. Va recordar la tensió que havia sorgit entre ells i la frustració que els havia portat a discutir. Marta no volia repetir aquell error. Sabia que tots estaven esgotats, físicament i mental, per la cerca infructuosa de respostes. La necessitat constant d'obtindre troballes emocionants començava a passar-li factura.

Sent conscient d'esta dinàmica, Marta va decidir fer un descans. Va tancar el portàtil i es va alçar de la cadira, de manera que els seus pensaments anaven aquietant-se mentre caminava pel dormitori. A la fi, es va estirar al llit, amb els ulls tancats i respirant profundament. Es va deixar abraçar per la calma del silenci i, així, va aconseguir allunyar, per un moment, el brunzit constant de les xarxes socials i les notificacions dels seus dispositius.

Marta es va submergir en les seues reflexions i va deixar que la tranquil·litat del dormitori l'estrenyera en una abraçada que la va reconfortar. Va reflexionar sobre la importància d'aquells moments de soledat, de desconnexió del constant fluix d'informació que inundava la seua vida a través de les xarxes. Es va preguntar si, de veres, necessitava compartir cada pensament, cada troballa, amb la resta del món. Que no hi havia bellesa en la intimitat de guardar un secret, en la intimitat de mantindre una part d'ella mateixa reservada només per a ella?

Sabia que compartiria la història dels Montenegro amb els seus amics. Al cap i a la fi, Elena i Lucas també estaven involucrats en el misteri de la selfie fantasmal, però necessitava temps per a fer-ho per tal d'ordenar els seus raonaments i exposar-los a tots dos, tot evitant conflictes.

Açò la va portar a la següent qüestió: «És necessari compartir, a cada minut, tots els nostres pensaments o experiències amb la resta del món?». Ella acabava de descobrir que no. Que, de vegades, cal parar, respirar, pensar i actuar. Estava apropant-se a la idea que la pressa per compatir la seua vida podia desembocar en malentesos i conflictes innecessaris, que era millor prendre's un temps per a ordenar les seues idees i emocions abans d'exposar-les a l'escrutini del públic.

Marta va tancar els ulls i es va permetre gaudir de l'instant de serenitat. Sabia que, en arribar el moment oportú, estaria preparada per a compartir els seus pensaments amb Elena i Lucas. Però, per ara, necessitava temps per a ella mateixa, per a cercar les respostes, tot atenent el seu cap i el seu cor.

L'endemà de matí, aprofitant que era cap de setmana i no tenia classes, es va submergir en la cerca exhaustiva en internet, fent servir tots els recursos que tenia al seu abast per a trobar més informació dels Montenegro. Va consumir hores navegant per pàgines web, llegint articles i revisant arxius històrics en línia, però semblava que els seus esforços foren debades. Tot i l'esforç que hi posava, no aconseguia trobar res que poguera abocar informació sobre l'estranya desaparició de María Montenegro i el seu bebé. S'havien evaporat i prou.

Frustrada i desanimada, Marta va tancar el portàtil amb un sospir. Es va adonar que estava en un carreró sense eixida i que, a més, si continuava cercant pel seu compte, no arribaria enlloc. Necessitava l'ajuda dels seus amics. Tots tres podrien compartir idees, investigar d'una manera més efectiva i treballar en equip per a resoldre el misteri que voltava els Montenegro i la cabanya del bosc. Havia arribat el moment de compartir amb ells què havia descobert i confiar que, en esta ocasió, tots tres col·laborarien d'una manera més efectiva. Atenent que, ara, tenia prou més informació que la setmana anterior, confiava en el fet que els seus amics s'animarien a reprendre la investigació.

Una vegada va arribar a esta conclusió, Marta va decidir enviar al xat grupal un missatge decidit que expressava la necessitat de contar-los els seus avanços. En enviar el missatge, va sentir com se li descarregava un pes dels muscles. Havia fet un pas en la direcció correcta. Ho sabia. Ara només calia esperar la resposta d'Elena i Lucas, amb l'esperança que estigueren dispostos a unir-s'hi.

Quasi no havia tingut temps a estirar-se al llit i tancar els ulls, uns segons, quan el so d'una notificació del mòbil la va despertar del breu descans. Amb curiositat, va desbloquejar la pantalla i va llegir el missatge que li acaba d'arribar. La seua expressió va dibuixar un somriure d'alliberament en veure que tots dos acceptaren, de seguida, la seua invitació a reunir-s'hi i continuar investigant-hi junts. Tot seguit, Marta els va respondre, entusiasmada, per confirmar l'hora i el lloc de trobada. Van passar només uns minuts i Marta va escoltar el timbre, que indicava que els seus amics hi havien arribat. Marta els va rebre amb un somriure mentre els va conduir a la seua cambra, on l'ambient es va omplir d'una energia vibrant a mesura que avançava la investigació.

Tots tres es van posar còmodes en terra, envoltats dels seus dispositius electrònics i papers escampats. Era com si la discussió anterior no haguera existit, sinó que, en canvi, hi regnava un esperit renovat de cooperació i determinació. Ara, amb més informació al seu abast, estaven dispostos a afrontar els misteris que encara els quedaven per davant. Elena, Lucas i Marta van intercanviar idees i teories, de manera que compartien les seues troballes i debatien quins serien els pròxims passos. A mesura que aprofundiren en la investigació, l'emoció creixia en l'ambient, alimentada per la promesa de resoldre el misteri de la selfie fantasmal que els havia mantingut intrigats durant setmanes.

—Queda clar que, en la xarxa, no trobarem més informació —va afirmar Marta—. María Montenegro va desaparéixer fa anys, els registres que n'hi ha només són articles antics, ni tan sols hi va haver una investigació policial.

—Doncs ja sabem que tornar a la cabanya tampoc no ens ajudarà —va recordar Elena.

Mentrestant, Lucas estava absort per la pantalla del seu mòbil. Amb determinació als ulls, va anunciar el seu pla a les seues amigues, que el van escoltar amb interés.

—Hem de demanar ajuda —va suggerir Lucas i, sense perdre el temps, els va explicar la seua idea—: Jo crearia diversos hashtags en totes les xarxes socials, unes etiquetes que cridaren l'atenció sobre els Montenegro: #ElsMonte-negro, #Vilaxarxes, #Lacabanyadelbosc, #MaríaMontene-gro.

Marta i Elena van assentir, comprenien el punt de vista de Lucas i estaven disposades a col·laborar-hi.

—«La resplendor fantasmal» ens el guardarem per a nosaltres —va proclamar Lucas amb determinació per tal de marcar un límit clar sobre quina informació compartirien públicament—. Però hi deu haver algú que sàpia més coses sobre la història de la cabanya. Tot és qüestió de topetar la persona.

Els tres amics van començar a compartir els hashtags, creats per Lucas, en totes les seues xarxes socials, que anaven acompanyats d'una crida urgent als seus contactes. Esperaven que, entre tots els seus coneguts, algú poguera proporcionar-los informació addicional que els apropara a comprendre, més profundament, la història de la cabanya.

Els dies van passar mentre Marta, Elena i Lucas esperaven, amb impaciència, alguna resposta a la crida que van fer en les xarxes socials. Revisaven sovint els seus dispositius, tot esperant veure alguna notificació que indicara que algú havia respost a la seua sol·licitud d'ajuda.

El temps va transcórrer lentament. I els dies van passar a ser setmanes sense que arribara cap resposta rellevant. Malgrat els seus esforços per difondre el missatge i captar atencions, semblava que el misteri de la cabanya del bosc i la resplendor fantasmal continuaven sense despertar interés en ningú més que en ells.

La frustració va començar a apoderar-se dels tres amics, que veien com les seues esperances de trobar respostes, de nou, s'esvaïen a poc a poc. Marta es mossegava els llavis amb ansietat, preguntant-se si s'haurien equivocat confiant en les xarxes socials com a font d'informació. Elena mirava, amb resignació, la pantalla del seu mòbil, preguntant-se si, en algun moment, trobarien la clau per a resoldre l'enigma que els havia portat fins allí. I Lucas, encara que continuava publicant i compartint els hashtags vehementment, començava a qüestionar-se si estaven fent la cerca en el lloc correcte.

Però, malgrat el desànim que sentien, els tres amics s'aferraven a l'esperança que, en algun punt, algú hi respondria i els ajudaria a desentranyar el misteri que voltava la cabanya del bosc. Sabien que no podien donar-s'hi per vençuts i que havien de continuar buscant pistes i respostes allà on pogueren trobar-les.

5
La desesperació

Marta va rebre aquell correu electrònic en un descans entre classes. Mai l'havien citada per a fer una videoconferència escolar amb els seus pares. En canvi, no se'n va estranyar. Les seues notes havien baixat considerablement l'últim mes. Mai havien estat extraordinàries, però tampoc no suspenia. Però, sobretot l'última setmana, havia acumulat suspensos. Sentia un nuc a l'estómac només en pensar en la conversa que hauria d'afrontar més tard.

—Que et passa res? —va preguntar Cora, una companya de classe, en notar que estava preocupada.

—No, no... Res.

—No sé, Marta, portes una temporada molt rara. —Cora buscava trobar, en la mirada de la seua amiga, alguna pista que l'allunyara del comportament dels últims mesos, però Marta continuava pendent del seu telèfon mòbil, tot evitant qualsevol mena de contacte visual—. No ixes de la vila. A classe, ens encreuem i poc més... Et passa res?

—Mmm... No, no... Me n'he d'anar.

I això va fer. Va deixar a la que havia sigut la seua companya de pupitre durant anys amb la paraula en la boca.

Marta es va dirigir ràpidament al racó més apartat del pati. Necessitava un moment per a processar el correu electrònic i decidir com encararia eixa videoconferència amb els pares i els professors. La preocupació per les seues notes i el seu comportament més recent se l'havien menjada per dins, però no havia sabut com expressar-ho. Sabia que havia de fer-hi alguna cosa, però la pressió per resoldre el misteri de la cabanya i l'obsessió amb els Montenegro l'havia distreta, per complet, de les seues responsabilitats acadèmiques.

Mentre mirava la pantalla del seu mòbil, Marta sentia el pes de les últimes setmanes sobre els seus muscles. L'obsessió amb la cabanya del bosc, els Montenegro i la resplendor fantasmal havien consumit una gran part del seu temps i energia. Havia deixat de banda els seus estudis, els seus amics i, en molts sentits, a ella mateixa. Sabia que havia de trobar un equilibri, però, cada vegada que intentava allunyar-se del misteri, alguna cosa l'empentava a tornar-hi.

La videoconferència estava programada per a aquella mateixa vesprada. Marta es va dirigir a casa amb el cor accelerat, repassant mentalment com contestaria a les preguntes que, irremeiablement, li farien els pares i professors. Quan hi va arribar, es va tancar a la seua cambra, mentre tractava de rebaixar els seus propis nervis. A la fi, es va connectar a la reunió, asseguda al costat dels seus pares. La preocupació inundava el rostre de tots dos. Va ser sa mare qui va trencar el silenci abans que començara la reunió escolar.

—Vols contar-nos res abans que comencem, Marta?

—No.

Va ser l'única paraula que va eixir de la seua boca, quasi inaudible, mentre romania amb la mirada fixada en la pantalla del portàtil.

La reunió quasi no va tocar els vint minuts, però fou suficient per a informar els pares de la davallada, tant d'atenció com de notes, que havia patit durant les últimes setmanes. Els professors van contar, al detall, com Marta, que mai havia sigut una estudiant exemplar, però tampoc problemàtica, havia començat a mostrar un desinterés alarmant pels estudis. Les seues notes havien patit una davallada acusada i la falta d'atenció en classe era ja recurrent.

—És preocupant veure este canvi tan dràstic en ella —va dir la seua tutora, amb el parer seriós—. Hem notat que passa molt de temps mirant el mòbil en classe, fins i tot en aquelles classes en les quals abans participava activament.

La tutora no es va aturar ahí. Va decidir compartir amb els pares que la dependència al telèfon havia augmentat en Marta, així com una afició, més recent, a consultar les xarxes socials mentre s'impartien les classes. Açò últim va despertar la fura de son pare, que, fins al moment, no havia badat boca, tot observant la reunió amb una expressió severa.

La videoconferència va arribar a la fi i, mentre els professors s'acomiadaven, l'ambient, a l'estança, s'havia carregat de tensió. Marta sentia que el cap estava a punt d'explotar-li a causa de la pressió i de la culpa. Quasi no podia separar la mirada del terra, conscient que havia defraudat els seus pares i també s'havia fallat a ella mateixa. Quan va acabar la reunió, el pare es va adreçar a ella, la ira que tractava de contindre li havia tenyit la cara de roig.

—Dona'm el mòbil —li va ordenar. El to de veu era ferm i no donava pas a cap discussió.

—Però, papa... —Marta va intentar protestar-hi. El pànic es podia veure reflectit als seus ulls.

—Que em dones el mòbil! No pense dir-t'ho dues vegades! —va insistir ell, alçant la veu, cosa que no feia sovint, només en situacions greus.

Amb llàgrimes als ulls, Marta va obeir. Es va traure el mòbil de la butxaca i li'l va donar, amb les mans tremoloses. Sentia una mescla de ràbia, vergonya i tristesa. Quan son pare va tindre el mòbil a les mans, Marta va pujar les escales corrents, com una fura, i es va tancar a la seua habitació, pegant una portada que va ressonar per tota la casa. Es va deixar caure al llit, mentre que les llàgrimes li recorrien les galtes. Tot el que havia ocorregut les últimes setmanes: l'obsessió amb el misteri de la cabanya, el distanciament amb els companys de classe, la davallada de les notes... I, ara, li requisaven el mòbil. Tot allò s'arremolinava al seu cap i creava una tempesta d'emocions difícil de controlar.

Mentre es lamentava, es va adonar que estava atrapada en un cercle del qual no sabia com eixir. Necessitava els seus amics, necessitava resoldre el misteri, però també necessitava recuperar el control de la seua vida. El mòbil que, fins llavors, havia sigut la seua connexió amb el món i una ferramenta per a la seua investigació, ara, havia esdevingut una càrrega, un símbol de distracció i caiguda.

Després d'una estona, Marta es va eixugar les llàgrimes amb la mà i va seure a l'escriptori. Havia de trobar la manera d'equilibrar-ho tot. No podia deixar que la seua vida decaiguera més. Va agafar un quadern i va començar a escriure-hi, tot tractant d'organitzar els seus pensaments i formular un pla per a arreglar les coses, tant per als seus estudis com per a la investigació del misteri. Sabia que havia de parlar amb Elena i Lucas, però, esta vegada, no només sobre el misteri, sinó també sobre com se sentia i com podrien ajudar-se mútuament a mantindre l'equilibri entre les seues vides i la investigació. No podia continuar sola en eixa situació. I, encara que no tenia el mòbil, havia de trobar una manera de comunicar-se amb ells i demanar-los el seu suport. Per a això, va fer servir el portàtil de l'escola. Va obrir el xat del centre i va escriure a Elena i a Lucas.

Dilluns, en eixir de classe, al banc del parc. Els meus pares s'han reunit
amb la meua tutora. M'han llevat el mòbil.

Després d'enviar els missatges, Marta es va reconfortar a la cadira, mentre sentia el pes de la situació. Sabia que la reacció dels seus amics seria crucial i, encara que esperava, amb ànsia, la seua resposta, també estava nerviosa pel que podrien dir-ne. Cap dels dos va tardar a contestar-hi. El primer va ser Lucas. El missatge de la seua amiga l'havia deixat vertaderament capficat. A ell també l'havien convocat per a fer una videoconferència amb els seus pares dilluns. I la notícia de Marta únicament havia aconseguit augmentar la seua preocupació.

Marta, em sap molt greu això del teu mòbil.
A mi també m'han convocat
per a una reunió amb els meus pares dilluns.
Crec que açò se'ns en va de mare.
Ens veurem dilluns al parc.

Per la seua part, Elena, que encara que no havia experimentat cap canvi en les seues notes pèssimes, estava preocupada pels seus amics. Sabia que tot allò de la selfie fantasmal, en efecte, se n'anava de mare. A més a més, ella també havia sentit la pressió de les expectatives dels seus pares i dels professors. En llegir el missatge de Marta, va sentir un nuc a l'estómac.

Ho sent molt, Marta. No m'explique que t'hagen llevat el mòbil.
Ens veurem dilluns. Hem de parlar de tot açò.

El cap de setmana va passar lentament per a Marta. Cada minut sense el mòbil el percebia com una eternitat. Ara bé, va tractar de fer que dissabte i diumenge foren dies productius. Es va marcar objectius: el dissabte el dedicaria a posar-se al dia amb els estudis.

La situació, a casa, no podia ser més incòmoda. La tristor dels ulls de sa mare contrarestava la serietat en el rictus de son pare, que quasi ni la saludava. Però, si tenien res en comú, allò devia ser la decepció que reflectia cada un dels seus silencis. Marta sentia el pes d'eixa decepció cada vegada que els topetava per la casa. Les menjades eren tenses; son pare se centrava en el seu plat i sa mare llançava mirades furtives per tal de trobar la manera de trencar el gel. Marta, en canvi, romania amb el cap catxo, concentrada en el seu plat, tot evitant qualsevol classe de confrontament.

Sempre havia sigut una xica resolutiva. Si alguna cosa la molestava, ho canviava. Si alguna cosa no funcionava, buscava la manera de solucionar-ho. Era llesta. Sabia que l'única manera d'aconseguir que la normalitat tornara a sa casa era reprendre els estudis, tot recuperant el temps que havia perdut. I això va fer. Va passar una gran part del matí i de la vesprada de dissabte al seu escriptori, revisant i estudiant els apunts. S'hi va submergir, tot tractant de comprendre els conceptes que havia deixat passar durant les últimes setmanes. La sensació de progressar en els estudis la va reconfortar una miqueta, donant-li un sospir enmig de la tempesta en què s'havia tornat la seua vida en aquell moment. Son pare va passar, diverses vegades, per la porta del seu dormitori, que romania oberta. I observava Marta en silenci. Marta podia percebre la seua mirada i s'hi esforçava encara més. Mantenia l'esperança perquè el seu esforç fora suficient per a començar a esmenar la relació entre tots dos.

Diumenge, per contra, va decidir que seria el moment oportú per a traure tots els objectes que havia trobat a la cabanya del bosc i donar-los una ullada per tal de buscar alguna mena d'inspiració que li indicara per on havia de seguir. Va disposar els objectes sobre el llit: fotografies velles, documents polsosos i xicotets artefactes que evocaven temps anteriors. Mentre els examinava un a un, els seus pensaments van viatjar al dia en què els van trobar. I va recordar l'emoció i la por que havien sentit.

Però les muses no se li van aparéixer. Tot i examinar els documents des de diferents angles i sota llums diferents, no trobava cap pista nova. La majoria no es podien llegir i les fotografies no revelaven més enllà del que ja coneixia. Marta es va sentir frustrada, però va decidir no rendir-s'hi. Sabia que cada xicotet detall podia ser important, de manera que va prendre nota, en el quadern, de tot el que li pareixia rellevant.

Efectivament, no va utilitzar l'ordinador, per si de cas es clavava en algun embolic per haver utilitzat el portàtil escolar per als seus quefers. Per això, tampoc no havia cercat, en el buscador, cap paraula que fera referència a la cabanya del bosc. No volia ni necessitava més problemes. La decepció de son pare continuava ressonat al seu cap i la mirada de sa mare, una combinació de tristor i preocupació, l'acompanya en cada pensament.

Tot i la falta de noves pistes, havia complit el seu objectiu de sobreviure a un cap de setmana productiu. Havia représ els estudis i s'havia enfrontat al misteri amb determinació. Mentre tornava a guardar els objectes dins de la caixa, es va prometre que continuaria buscant respostes. La investigació no havia conclòs, només estava pausada.

A la nit, abans de gitar-se, Marta es va concedir un moment de reflexió. Malgrat tot, havia aconseguit mantindre's ocupada i productiva. Havia fet un pas cap a la normalitat i, encara que el camí seria llarg, estava determinada a continuar endavant. Va mirar la caixa amb els objectes de la cabanya, una altra volta, i va apagar el llum.

6
La tornada

En despertar-se, Marta va notar una sensació estranya en l'ambient. I tan estranya... Feia olor de coquetes! «Un dilluns?». La preguntava sonava en el seu cap. «Però si fa anys que no desdejunem junts...». Va baixar les escales de dos en dos i es va quedar bocabadada en arribar a la cuina i veure els seus pares, ja vestits, asseguts a taula, davant d'un desdejuni que no es veia ni als hotels de les millors zones de costa.

—Seu-hi, perleta —va dir sa mare mentre li servia suc de taronja acabat d'esprémer.

Va fer cas, sense parar atenció al motiu pel qual estaven de tan bon humor. Va tractar de mantindre's a l'expectativa, no entenia res, però l'olor de coquetes i del xocolate acabats de fer van fer que baixara la guàrdia i s'enfrontara a aquell desdejuni tant inesperat com deliciós.

—Volem demanar-te perdó.

Les paraules de son pare la van fer tornar al món real. Literalment, les va escoltar i, tot seguit, es va quedar amb la boca oberta i amb la cullera a la meitat del camí entre la tassa de xocolate i els seus llavis.

—Ho hem fet fatal —va continuar dient el pare—. Hauríem d'haver estat més pendents de tu, comunicar-nos més amb tu, però... La faena i les obligacions dels collons!

—Carinyo, per favor, la boqueta... —El va interrompre la mare per a prosseguir—: Marta, hem de saber si et passa alguna cosa i tractar de solucionar-ho. Sempre has sigut molt responsable, per això, el que ens va contar la teua tutora ens va caure molt sobtadament.

Marta va mirar els seus pares, encara torbada. Mai hauria esperat una reacció així. Havien estat distants amb ella durant els últims temps, immersos en les seues feines i ocupacions, i, ara, aquell gest la deixava completament descol·locada. El parer de sa mare reflectia una preocupació genuïna. I el de son pare, una mescla de penediment i serietat que havia vist molt poques voltes.

—No em passa res —va murmurar—. Només... el col·legi, els exàmens...

—Sabem que n'hi ha més, Marta. —La va interrompre son pare amb una molt veu suau—. Sabem que no és només això. T'hem vist absorta davant del teu mòbil, desconnectada de la resta del món. I entenem que, en part, és culpa nostra per no haver-hi estat més presents.

Marta va sentir un nuc a la gola. Els seus pares estaven fent un veritable esforç per connectar amb ella, cosa que feia temps que no succeïa. Ella els devia la veritat.

—És que... Hi van passar unes coses —va començar a dir, sense saber massa bé com abordaria el tema de la selfie fantasmal—. He estat molt capficada en un projecte amb els meus amics, hem tractat de descobrir coses d'una cabanya que hi ha al bosc. Ens ha furtat molt de temps i... crec que m'ha afectat més del que pensava.

Els seus pares es van bescanviar una mirada de preocupació i comprensió alhora. Sa mare va ser la primera a respondre-hi:

—Vols contar-nos de què va això?

El somriure de Marta va significar molt per a sa mare, qui va continuar somrient mentre veia com la seua filla pujava les escales, de dos en dos, sense saber on anava.

—Afanya't o faràs tard a classe! —la va advertir son pare.

No va tardar ni un minut a tornar a la cuina amb l'àlbum de fotos i les cartes que havia trobat a la cabanya. Tampoc no va tardar a fer un resum per als seus pares de la història de la selfie fantasmal. Sí, no es va guardar cap secret. Tampoc no es va guardar la seua sospita que aquella resplendor de les fotos poguera tindre alguna relació amb el més enllà. Si ells havien abordat el seu problema escolar amb una sinceritat absoluta, ella els ho havia de tornar de la mateixa manera.

—Hauries de preguntar-li-ho a la teua tutora —va dir son pare. Al cap i a la fi, la seua família ha viscut ací abans que li canviaren el nom a la vila.

La cara de Marta reflectia mil interrogants. Que resulta que hauria de compartir el que havia descobert amb més persones? I no amb qualsevol... Amb la persona que havia destapat la seua obsessió.

—A més... —va afegir sa mare—: ella sempre t'ha tractat molt bé. Potser, si li planteges les teues inquietuds, l'ajudes a comprendre el teu canvi d'actitud en classe.

—Siga com siga, ja n'hi ha prou de xarreta! Cada ocell al seu niu... O, en este cas, als seus quefers. Fem tard, xicones! —va exclamar son pare.

Marta es va alçar de taula, pensativa, sentia com si una estranya mescla d'alliberament i de nerviosisme estiguera recorrent-li la pell, com unes cosquerelles permanents. Mentre es preparava per a eixir, una boira d'idees i emocions li va inundar el pensament. La mostra de suport incondicional dels seus pares, totalment inesperada, la va deixar perplexa, alhora que una sensació de confort va començar a expandir-se baix del seu pit, com el caliu d'una abraçada enmig de la incertesa.

De camí a la classe, Marta va reflexionar sobre la importància de tindre a algú en qui confiar, sabent que, fins i tot en els moments més confusos i complicats, sempre hi hauria un refugi segur al qual acudir. La fortalesa dels seus pares, la seua comprensió i la seua voluntat d'estar al seu costat li recordaven que no estava sola en la cerca de respostes, sinó que tenia un equip de suport disposat a acompanyar-la en cada pas del camí.

I, si la sinceritat l'havia ajudada amb ells, per què no havia de funcionar amb la resta?

Amb el cor un poc més estalvi i la ment un poc més clara, Marta va saber què havia de fer quan arribara a l'institut. La va buscar a l'entrada principal, viatjant, amunt i avall, entre els estudiants que hi arribaven. No la va veure allí, així que es va dirigir als banys, on tampoc no va tindre sort. A la fi, la va localitzar a la porta de la classe que compartien, estava responent a algun missatge amb el mòbil, com era costum.

—Hola, Cora. —La va agafar pel braç abans quasi sense donar-li temps a reaccionar-hi—. Vine, acompanya'm.

Cora, sorpresa per aquell apropament sobtat de Marta, no s'hi va resistir i la va seguir sense dir res. Van entrar en un bany que hi havia prop de l'aula després d'assegurar-se que ningú no les poguera interrompre. Marta va tancar la porta en entrar-hi i va respirar fondo per a preparar-se per a parlar. Cora no entenia res, però, per fi, la seua amiga havia tingut una espècie de reacció. Tenia la mirada fixada en Marta, llavors, va notar que la llum havia tornat als ulls d'ella, una llum que feia setmanes que no veia. Allò era l'únic senyal que necessitava per escoltar-la amb els cinc sentits.

Cora hi va parar atenció, en silenci, mentre la seua amiga explicava tot el que havia ocorregut a la cabanya del bosc: el descobriment de la selfie amb la resplendor estranya, la investigació que havien portat a terme, i com tot allò havia començat a afectar el seu rendiment escolar i la seua vida en general. Marta no es va guardar cap detall, confiava en la seua amiga més que mai.

—Entenc per què has estat tan distant últimament —va dir Cora quan Marta va acabar—. Açò és molt important per a tu. I jo vull ajudar-t'hi. No hauries de carregar amb tot açò tu sola.

Marta va sentir una onada de gratitud cap a la seua amiga. Cora sempre havia sigut comprensiva i lleial i, en aquell moment, el seu suport significava més del que podia expressar amb paraules.

—Gràcies, Cora. Necessite tanta ajuda com siga possible. Els meus pares també hi estan preocupats, i crec que tots plegats podríem arribar al fons del misteri.

Cora va assentir, estava decidida a ajudar la seua amiga en la cerca. Van eixir juntes del bany, més unides que mai, preparades per a afrontar el que els quedava per davant.

Quan van acabar les classes, Marta es va dirigir, a correcuita, al parc on havia quedat amb Elena i Lucas. El cor li bategava amb força, no només per la carrera que s'havia pegat, sinó també per la mescla d'ansietat i determinació que l'empenyien.

En arribar-hi, va veure els seus amics asseguts al banc, concentrats en les pantalles dels seus telèfons. En veure-la, tots dos van alçar la mirada i es van guardar els dispositius. Es van alçar per a rebre Marta.

Marta no va perdre el temps. Va agafar un poc d'alé i, tot seguit, va començar a parlar. A través de la veu, reflectia la urgència de tot el que havia de dir. Els va fer partícips de la reconciliació amb els seus pares, de l'ajuda que li havia oferit Cora i de la idea que rumiava, plantejant-se si li havia de preguntar a la seua tutora per la cabanya del bosc.

—Al cap i a la fi, Andrea és professora d'història, no? —Va concloure Marta.

El silenci que va acompanyar les seues paraules va ser tan dens que es podia tallar amb un ganivet. Els seus amics no sabien què dir-li mentre la miraven amb sorpresa i confusió. Lucas va ser el primer a reaccionar-hi, a través del seu to, s'intuïa una mescla d'incredulitat i retret.

—De veres, Marta? Hem estat quasi dos mesos guardant el secret de la resplendor fantasmal i ara vens i ens contes que ja ho sap mig institut.

—Mig institut no. Ho sap Cora. —Marta, amb una actitud ferma, es va defendre—. Ja vos he dit que ella estava preocupada per mi i...

—Ens ho hauries d'haver consultat abans de contar-li-ho —va dir el xic amb un to de veu més aspre.

En aquell moment, la ira es va apoderar de Marta. Havia hagut de suportar massa pressió i, ara, en lloc de suport, rebia crítiques. Va alçar la veu, plena d'indignació.

—He discutit amb els meus pares i he fet que una amiga es preocupe per mi! I, així i tot, s'han oferit a ajudar-nos i tu només que em soltes que retrets. No ho entenc! Tot són desconfiances i queixes.

Elena hi va intervindre per tal de calmar els nervis.

—Marta, Lucas, per favor, no discutim. Estem tots estressats, però ens hem de mantindre units. Marta, entenc que vulgues buscar ajuda, però Lucas té raó, hauríem d'haver-ho debatut primer junts. Però ara ja està. Ara el més important és com continuar endavant.

Marta va respirar fondo en un intent de calmar-se. Sabia que Elena tenia raó, necessitaven un pla i deixar de banda les disputes.

—D'acord —va dir finalment, amb un to de veu més tranquil—. Llavors, parlem amb Andrea?

Lucas va sospirar, mentre assentia amb resignació.

—Sí, parlem amb ella. Però hem d'anar amb compte amb el que li revelem. No podem permetre'ns més sorpreses.

Elena va somriure, reconfortada perquè hi estaven d'acord.

—Perfecte. Hem de planejar-ho bé i veure què en podem descobrir. Estem junts en açò, xics. No ho hem d'oblidar.

Entre els tres, van arribar a l'acord que Marta havia de ser qui parlara amb la professora. Era la seua tutora i tenien clar que, si li donaven l'oportunitat de comprendre les raons que motivaven la falta d'atenció de la seua alumna, allò ajudaria Marta a recuperar la confiança no només d'Andrea, sinó també dels seus pares.

Ho va fer l'endemà, abans que començaren les classes. Va arribar a l'institut quasi una hora abans i es va dirigir a l'aula d'Andrea. L'institut encara romania en silenci, només hi havia un grapat d'alumnes i professors rondant els corredors. Amb el puny tancat, va tocar a la porta, que estava de par en par i deixava veure com la tutora estava revisant exàmens a la taula que presidia l'aula. Andrea en va separar la mirada i va somriure en veure-la.

—Avant.

Va rebre la seua alumna amb un somriure radiant, i la va convidar a seure al pupitre de davant d'ella. Marta sempre s'havia sentit còmoda amb ella. Des del primer dia en què Andrea va ser la seua tutora, havia notat un caliu i una comprensió per part d'ella que eren difícils de trobar en altres membres del professorat. Andrea tenia una habilitat innata per a fer que els seus alumnes se sentiren escoltats i valorats. I Marta ho apreciava de tot cor.

Era la seua tutora des de feia un parell d'anys, però la coneixia des de la guarderia. Andrea, als seus cinquanta anys, era molt coneguda a la vila i els habitants li guardaven molta estima.

Aquell dia, a mesura que Marta es disposava a seure davant d'ella, va sentir que estava en el lloc adequat per a obrir-se i compartir les seues preocupacions. Andrea la mirava, entre preocupada i desitjosa de conéixer el motiu de la seua visita, preparada per a escoltar-la i ajudar-la.

—Bon dia, Marta. Això com és que hi has vingut tant de matí? —va preguntar, mentre deixava els exàmens a una banda.

Marta hi va seure i va respirar fondo. Sabia que havia de ser sincera i directa.

—Bon dia, Andrea. Volia parlar amb tu d'una qüestió que ha ocupat una gran part del meu temps últimament

—va dir i, alhora, estava traent l'àlbum de fotos i les cartes de la motxilla—. D'açò.

Andrea ho observava, amb curiositat, mentre Marta disposava damunt de la taula els objectes que havia trobat a la cabanya. La tutora va mirar les fotografies amb molt d'interés i, tot seguit, va alçar la mirada per adreçar-se a Marta.

—Però això què és?

Marta va començar a contar-li en què havia estat capficada durant les últimes setmanes. Li va parlar de la cabanya del bosc, de la selfie fantasmal i de la tan misteriosa família Montenegro. Li va explicar que les troballes l'havien absorbida per complet i havien afectat els seus estudis i la seua vida quotidiana.

—Vaja, Marta, és increïble. No sé com has trobat tot açò.

Andrea lliscava els palpissos dels dits sobre el rostre d'un dels homes que miraven, impertèrrits, en direcció a un punt perdut del bosc. Un mig somriure se li va dibuixar al rostre, però, el va dissimular de seguida.

—Res d'açò és increïble. Bé, de fet, açò no és res. L'única cosa que n'he pogut descobrir és el nom de la família. A la biblioteca hi ha un llibre que...

—A la biblioteca? Hi has estat?

La incredulitat de la professora es podia palpar des de ben lluny, però Marta no se'n va adonar.

—Sí, allí és on vaig trobar una altra foto dels dos homes, dels Montenegro. Però res més, no he aconseguit saber-ne més. En internet no hi ha informació, però, clar, tenint en compte que, en aquella època no van ni investigar la desaparició de la seua germana...

—Crec que t'hi puc ajudar.

Quan Marta va escoltar aquelles paraules, va haver de controlar-se, i tant que sí, per no llançar-se als braços de la seua professora. No podia creure com, en cosa de dos dies, la seua vida havia viscut un tomb tan descomunal. Havia aconseguit desfer-se d'aquella sensació nefasta d'estar perdent el temps i, a banda, ara comptava amb l'ajuda dels seus pares i la seua professora. Mai havia experimentat una sensació de descàrrega tan forta com la que sentia en aquells moments.

Els dies de frustració i soledat van començar a esvair-se i van deixar espai perquè s'escolara una esperança renovada de cara als nous dies.

La seguretat de comptar amb el suport d'Andrea, una professora amb coneixements vastos i una gran xarxa de contactes al poble, atorgava a Marta una confiança que feia temps que no sentia. Estava segura que Lucas i Elena estarien contents sabent que podien disposar de la seua ajuda. Sabia que, encara que els havia costat acceptar que demanar ajuda al seu entorn era l'única alternativa viable, al final, entendrien que l'esforç pagava la pena. L'experiència de sentir-se encasellats en un bucle de frustració els havia ensenyat que, de vegades, per a avançar, calia deixar l'orgull de banda i acceptar una mà amiga. Era conscient que el treball els havia portat a eixa conclusió. Havien invertit hores en discussions, analitzant cada detall i fent front al desànim que els generava no aconseguir resultats.

En canvi, també era conscient que, amb l'ajuda de les mans amigues que havien trobat pel camí, aconseguirien avançar-hi més ràpidament. Els seus pares, preocupats pel seu benestar, havien demostrat una comprensió i un suport que ella no esperava. Cora, amb la lleialtat que la caracteritzava, havia estat disposada a escoltar-la i oferir-li la seua ajuda sense dubtar. I, ara, Andrea, amb la seua experiència i els seus coneixements, s'unia a l'equip en cerca de la selfie fantasmal.

Marta es va sentir molt agraïda de la gent que l'envoltava. Sabia que, sense ells, hauria estat impossible arribar fins al punt en què es trobaven. Mentre mirava la seua professora, no podia evitar sentir una onada d'emocions. Andrea, amb el seu parer calmat i la seua predisposició a ajudar-los, personificava els avanços que havia fet durant els últims dies.

Es notava tan animada que sentia que rebentaria si no demanava que els acompanyara a la cabanya del bosc. També s'havia plantejat convidar-hi Cora, però abans volia consultar-ho amb Elena i Lucas. No tornaria a cometre el mateix error, no actuaria sense comptar amb ells. Ara sí que havien d'actuar a l'unison.

Ara bé, el seu cap bullia al seu ritme, ben agitat, així com les seues paraules, que no reflectien cap classe de filtre.

—Ens ajudaria molt que ens acompanyares a la cabanya.

«Ai... Collona, hauria d'haver tancat la boqueta» va pensar de seguida que va deixar escapar aquelles paraules de la seua boca.

—Tinc una opció millor.

Les expectatives il·luminaren els ulls de Marta i, alhora, instaren la professora a continuar-hi.

—Puc explicar-te qui és el bebé de la foto.

A Marta, se li va posar el cor a la gola. Fins i tot, va sentir un mareig. Els ulls se li van obrir d'allò més i, així, deixaven veure la incredulitat que creixia al seu cap.

—Jo soc el bebé de la foto.

7
La vila

Li va costar molt guardar el secret. En canvi, Marta sabia que era el que havia de fer. Al cap i a la fi, havia sigut la pròpia professora qui li ho havia demanat. En desconeixia les raons, però tampoc no li calien. Tenia claríssim que aquella era la seua història i li pertanyia a ella, i a ningú més.

El que més dificultat li va causar, els dies posteriors a la confessió d'Andrea, va ser dissimular una troballa tan gran davant dels seus amics. Cada vegada que es reunia amb Elena i Lucas, sentia una pressió al pit en recordar el que sabia i el que havia de callar. Intentava comportar-se d'una manera natural, però era conscient que qualsevol desencert, per xicotet que fora, podria despertar sospites. Cora, per la seua banda, estava completament fascinada amb la història de la selfie fantasmal i no parava d'insistir en el fet que volia visitar la cabanya del bosc. La insistència de Cora afegia una capa extra de tensió a la situació complicada que ja vivia Marta.

Sense conéixer encara la vertadera història dels Montenegro, Marta va ser capaç de poder descobrir els diversos motius que van originar les diferents resplendors de les fotografies. L'endemà de la conversa amb Andrea, la professora va decidir que era el moment oportú per a parlar del reflex de la llum en classe de ciències. Durant la lliçó, va explicar com la llum podia reflectir-se i refractar-se de maneres sorprenents i, d'aquesta manera, podia crear efectes òptics que podien paréixer fins i tot màgics. Marta va observar, fascinada, els exemples i els experiments que la professora havia preparat, en els quals va veure com la llum es descomponia en colors i patrons inesperats. Eixa classe li va resultar la mar d'interessant. I, per la cara de Cora, semblava que a ella també. Les dos amigues van bescanviar mirades d'admiració i complicitat, mentre Andrea demostrava com una goteta d'aigua podia actuar com un prisma i separar la llum en un arc de sant Martí. Marta no podia evitar somriure veient Cora tan interessada i entusiasmada.

En arribar al parc, Marta i Cora desitjaven, amb ànsia, contar a Lucas i Elena què havien aprés de les resplendors de llum en la classe d'Andrea. Volien fer-los veure que, potser, s'havien deixat portar per la imaginació amb la resplendor de les fotografies. En canvi, en apropar-s'hi, es van adonar que els seus amics estaven absorts en els seus dispositius mòbils.

—Què passa? —va voler saber Marta.

—Obri el correu electrònic de l'institut i ho sabràs — hi va respondre Lucas, incapaç de separar la mirada de la pantalla.

Tant Marta com Cora van traure les seues tauletes acadèmies i van obrir el correu electrònic. No anaven a classe amb Lucas i Elena, però, si Lucas parlava del correu de l'institut, devia tractar-se d'algun assumpte important que els afectava a tots. Després de llegir el missatge, va quedar confirmat. El correu citava tot l'alumnat, l'endemà de matí, a la biblioteca de la vila.

Allò va sorprendre Marta en gran mesura. Per què voldrien reunir tot l'estudiantat en un edifici pràcticament abandonat? De sobte, va recordar que Andrea es va sorprendre quan li va confessar que havia anat a la biblioteca per cercar informació dels Montenegro. Una espurna, fruit de la seua intuïció, se li va encendre: estava segura, quasi del tot, que tot allò estava relacionat amb la seua professora. Dissimuladament, com havia estat fent durant els últims dies, va fingir la mateixa sorpresa que els seus amics.

—És molt estrany —va comentar Elena, arrufant les celles—. Mai hem tingut cap reunió a la biblioteca. Ni tan sols sabia que encara estava en peu.

—Jo tampoc —hi va afegir Lucas, visiblement inquiet—. I per què allí i no al gimnàs o al saló d'actes de l'institut?

Marta va arronsar les espatlles, mentre tractava de mantindre la calma en la seua veu, però aquella calma es va esvair quan va tancar la porta de sa casa en entrar-hi, i va córrer cara als seus pares per tal de contar-los la nova. Va trobar son pare a la cuina, estava preparant el sopar.

Encara no s'havia tret l'abric i ja havia començat a contar l'emocionant classe de ciències i la inesperada cita de l'endemà a la biblioteca. Son pare, assegut a taula, gaudia, en gran mesura, de l'energia renovada de la seua filla. Era com si Marta haguera tornat a la vida després de l'obscuritat d'aquelles setmanes en què es tancava al seu dormitori i no es deixava veure fins a l'hora del desdejuni en el millor dels casos. La seua veu, ara plena d'entusiasme, ressonava a la cuina i l'omplia d'un caliu palpitant que feia molt de temps que no se sentia a casa.

En el transcurs del sopar, Marta va parlar pels colzes mentre els pares l'escoltaven, embadalits. La seua emoció tenia un punt contagiós i son pare, que sempre havia sigut un home de poques paraules, no podia evitar somriure cada vegada que ella gesticulava, narrant, apassionadament, cada detall de la seua jornada.

—La veritat és que jo també tinc curiositat de conéixer el perquè de la reunió a la biblioteca —va comentar sa mare, mentre li ficava aigua en el got . És una pena que un edifici tan bonic haja caigut en un desús tan gran.

—La deriva de les tecnologies... —hi va postil·lar son pare.

Marta va continuar parlant, el seu cap projectava tot un remolí d'idees i expectatives sobre el que descobririen a la biblioteca. I, encara que intentava mantindre una actitud calmada, dins d'ella, sentia una mescla de nerviosisme i emoció que quasi no podia contindre. Les converses es van allargar fins a passar les primeres hores de la nit, mentre els pares li preguntaven i Marta responia, entusiasmada, cada vegada més segura que estaven en el camí correcte per a resoldre el misteri que havia començat a la cabanya del bosc.

Aquella nit, va tardar a agafar el son. Pegava voltes al llit, el seu cap era incapaç de desconnectar-se'n. En més d'una ocasió, va sentir la temptació d'agafar els seus dispositius i repassar totes les troballes de la cabanya del bosc. Desitjava, amb totes les seues forces, reprendre la investigació amb l'objectiu de discernir el que era real del que era imaginari, especialment després del que havia après, en classe de ciències, sobre les resplendors fantasmals i el reflex de la llum. Marta, però, va aconseguir contindre's. Sabia que havia de descansar i intuïa que, l'endemà, seria una jornada, com a mínim, inquietant, però, en el bon sentit de la paraula, per descomptat.

A la fi, es fa forçar a tancar els ulls i respirar fondo, alhora que es deixava portar pel cansament que havia acumulat tot el dia. Les imatges de la cabanya, les fotos i les resplendors ballaven dins del seu cap, mesclades amb les expectatives de la reunió a la biblioteca. Finalment, la son va véncer i es va submergir en un món de somnis en què tot el misteri es desembullava davant de les seues retines, i allò li atorgava una pau que feia temps que no sentia.

Quan es va despertar amb els primers rajos de sol que li entraren per la finestra, Marta va sentir que estava més decidida que mai. L'eixida del sol tenyia el seu dormitori d'una llum daurada, que l'omplia d'un caliu reconfortant. Es va quedar al llit un moment, deixant-se inundar, de nou, per l'energia d'un dia nou. La conversa de la nit anterior amb els seus pares l'havia omplida d'una força nova, una sensació de suport i confiança que no sentia des de feia molt de temps. Va recordar les mirades còmplices dels seus pares, els somriures d'alé i les paraules d'ànims que li havien brindat. Tot allò havia sigut un bàlsam per a la seua ànima inquieta.

Es va alçar amb una determinació renovada, sentia que cada cèl·lula del seu cos estava carregada d'energia. Mentre es vestia, el seu cap bullia amb preguntes i teories sobre els secrets que l'esperaven a la biblioteca de la vila. Com encaixaria totes aquelles peces de l'enigma que havia començat a la cabanya del bosc? L'emoció i el misteri s'entrellaçaven en els seus pensaments i creaven un calidoscopi de possibilitats.

Es va mirar a l'espill i es va sentir més segura de si mateixa que mai. Compartir les seues pors amb el seu entorn havia esdevingut la millor decisió que havia pogut prendre. No sols gaudia de l'emparament dels seus pares, sinó també de la calma que regnava, dins d'ella, des que Andrea havia compartit el seu secret amb ella. Saber que ella era el bebé de la foto li havia atorgat calma per dues raons. La primera, perquè havia fet avanços significatius en la investigació de la família Montenegro sense tindre-ho com a objectiu. La segona, perquè compartir el secret de la cabanya del bosc amb la seua professora l'havia alliberada en gran manera. S'havia tret de damunt un gran pes.

Amb cada peça de roba que es posava, se sentia més preparada per al dia que l'esperava. En passar-se els botons de la jaqueta, va respirar fondo i es va permetre un moment de reflexió. Havia fet front a les seues pors i havia trobat suport en aquelles persones que l'envoltaven.

Els seus pares, amb la seua estima incondicional, havien estat al seu costat en cada pas del camí. La seua professora, Andrea, no només li havia ofert el seu suport, també una connexió personal inesperada. I els seus amics, Elena, Lucas i Cora, estaven tan involucrats com ella en la resolució del misteri.

En arribar a l'esplanada de la biblioteca, Mart va percebre, de seguida, el bullici que hi imperava. Allò no tenia res a veure amb el silenci sepulcral que regnava als corredors de l'institut. Una cacofonia de rialles, converses i murmuris omplien l'aire i creaven, així, una atmosfera vibrant i plena de vida.

De seguida en va descobrir la raó quan un company, amb qui, a penes un parell de vegades s'havia saludat, li va preguntar que a quina hora començava aquella xerrada o el que fora que hi devien fer. Llavors, Marta ho va saber: els seus companys s'estaven interrelacionant. La sorpresa inicial va donar pas a una sensació de caliu i alegria mentre observava l'escena. Va fixar la mirada en diferents grups que s'havien format de manera espontània. Tots xerraven, reien i, fins i tot, va escoltar com taral·lejaven un parell de cançons. Molts dels seus companys sí que s'estaven fent fotos per a pujar-les a les xarxes socials, però, així i tot, era més que evident que ningú hi estava immers. Els mòbils eren accessoris, no barreres.

L'ambient destil·lava una normalitat que Marta pràcticament no havia viscut mai. Les cares de les seues companyes no estaven absortes en les pantalles dels mòbils, sinó que paraven atenció a allò que ocorria al seu voltant.

Era un canvi refrescant, com si s'haguera trencat un encanteri i els haguera alliberat per a gaudir del moment present.

Marta es va sentir atreta per un grup que hi havia prop, amb el qual Elena i Lucas estaven conversant, vehement- ment, amb Cora i més companys. S'hi va unir, i, de segui- da, va sentir una connexió renovada entre ells. Hi havia un sentiment especial en veure a tot el món interactuar d'aquella manera tan autèntica.

—Açò és increïble —va dir Elena, tot adreçant-se a Marta—. Mai havia vist a tot el món tan... Tan...

—Presents? —Va aconseguir acabar la frase per ella i, a continuació, li va fer una forta abraçada.

Mentre xerraven, Marta va notar l'arribada de més membres de l'alumnat i del professorat, entre els quals hi havia Andrea, la seua tutora, que havia enfilat l'entrada de la biblioteca amb un parer de determinació.

El sol del matí il·luminava l'antic edifici, de manera que li conferia un aire de majestuositat i misteri. Els rajos de sol daurats destacaven les vetustes columnes de pedra i les finestres amb vidrieres acolorides i creaven, així, una atmosfera quasi màgica. L'antic edifici, amb els murs car- regats d'històries i secrets, aparentava cobrar vida sota la llum del nou dia.

—Xics, mireu —va dir Marta assenyalant Andrea—. Crec que està a punt de començar.

El grup es va dirigir a l'entrada, on començava a for- mar-se una multitud. Va créixer la intensitat dels mur- muris mentre tot el món esperava, amb impaciència, que passara alguna cosa. Marta se sentia entre nerviosa i entusiasmada. Sabia que aquell dia seria crucial per a desentranyar els secrets que havien estat perseguint. A cada segon que passava, la seua convicció creixia: tot allò estava relacionat amb els Montenegro i la cabanya del bosc.

A mesura que s'hi apropaven, els estudiants es van agrupar en xicotets cercles, mentre intercanviaven conjectures i teories sobre el motiu de la reunió. Marta i els seus amics van trobar un bon lloc prop dels escalons, des d'on veien Andrea perfectament, que estava preparant-se per a parlar. L'aire estava carregat d'anticipació i Marta sentia com l'energia dels seus companys ressonava a l'uníson de la seua.

Per fi, Andrea va prendre la paraula des de la part alta dels escalons de la biblioteca per a cridar l'atenció de tots. La seua veu va ressonar clara i segura:

—Bon dia a tots. Sé que ara esteu ansiosos i, potser, una miqueta confosos sobre els motius pels quals vos hem convocat ací hui. Però vos promet que el que compartirem hui amb vosaltres és important i fascinant, espere.

L'alumnat hi va respondre amb un silenci llarg, tots els ulls estaven fixats en Andrea. Marta es notava el pols accelerat a través de les venes, mentre esperava que la seua tutora revelara el motiu de la reunió.

La biblioteca, amb una façana impotent i un aire de misteri, semblava l'escenari perfecte per a fer un anunci transcendental.

Andrea va continuar parlant, la seua veu romania ferma, amb autoritat.

—Hui farem un viatge per la història del nostre poble. Estic segura que el viatge vos sorprendrà i vos farà veure, amb una mirada renovada, el lloc on vivim.

Marta va bescanviar una mirada amb els seus amics. Sentia una onada d'emocions. Quedava clar que Andrea estava a punt de revelar una informació significativa i que, possiblement, estaria relacionada amb les seues investigacions. Andrea va alçar la carpeta que portava i en va traure un conjunt de fotografies antigues i documents que el temps havia engroguit.

—Estes imatges i documents pertanyen als arxius de la vila —va explicar—. Entre ells, hi ha retalls d'informació que mai s'han compartit públicament. Hui sereu vosaltres els primers a conéixer-ne els detalls.

El grup de Marta estava contenint la respiració. Davant d'ells, Andrea sostenia un àlbum, eren les fotos i les cartes que havien trobat a la cabanya del bosc. Marta va sentir que el temps es detenia per un instant. Semblava que tots els seus dubtes i totes les seues teories convergien en un únic punt. Tenia, davant d'ella, la confirmació que tant havia anhelat: tota aquella revolució venia de la mà de la família Montenegro. No va poder evitar que un somriure enlluernador il·luminara el seu rostre.

Andrea va continuar:

—Per favor, entreu, en silenci, en la sala principal de la biblioteca. Asseieu-vos en una cadira i començarem a desentranyar el misteri.

Els estudiants van començar a moure's per a formar una fila que avançava cap a les imponents portes de la biblioteca. Marta, al costat dels seus amics, es trobava a mig del grup. L'edificació, amb els sostres alts i les prestatgeries replenes de llibres antics, irradiava un aire de reverència i saviesa, molta més de la que Marta va percebre en la primera visita.

Una vegada dins, es van asseure en les cadires que estaven disposades en fila davant d'una gran pantalla de projecció. Andrea havia aconseguit captar l'atenció de l'alumnat i pensava retindre-la prou més de temps.

—Ara vos explicaré en què consistirà l'examen final —va anunciar Andrea, amb un somriure enigmàtic—. Sí, un examen final i comú per a cada un dels assistents a l'institut de Vilaxarxes.

8
La vila i la vida

La biblioteca de Vilaxarxes, que solia ser un indret silenciós i desert, havia esdevingut un focus d'activitat i entusiasme. Des del dia en què Andrea va plantejar el desafiament, la joventut de l'institut es va bolcar en el projecte amb una energia contagiosa. El repte i l'examen final consistia a desentranyar el misteri de la família Montenegro, tot fent servir, únicament, les xarxes socials com a ferramenta de documentació. No podien recórrer als cercadors d'internet ni a cap altra font en línia. Havien de dependre, exclusivament, de les connexions i la informació disponible en les xarxes socials i la resta de fonts físiques.

Aquesta limitació complicava la tasca, però Marta comptava amb un avantatge crucial: sabia, amb certesa, que no hi havia informació, en internet, rellevant per al cas dels Montenegro. Aquella certesa, que havia obtingut com a resultat de la seua investigació, li donava una tranquil·litat a la qual els companys encara no havien arribat. Però prompte s'adonaria que els seus companys estaven a punt de descobrir-ho també.

La biblioteca, que, en un moment, va quedar descuidada, ara, començava a omplir-se de joves desitjosos de cercar entre les velles prestatgeries —netes ara— qualsevol llibre o document que els apropara a desentranyar el cas dels Montenegro.

Marta observava, amb estupefacció, com els seus companys se submergien en els llibres antics, mentre revisaven documents polsosos i s'ajudaven, mútuament, a desxifrar cartes i fotografies velles. La transformació del seu comportament era evident. Les pantalles dels mòbils havien passat a un segon pla, relegades a meres ferramentes de comunicació i coordinació.

L'ús de les xarxes socials per a contactar amb antics residents i familiars de lluny de la família dels Montenegro va afegir una dimensió nova i emocionant a la investigació. No es tractava només de llegir i analitzar, sinó de connectar amb persones reals, escoltar les seues històries i compartir troballes. Els estudiants es van dividir en grups, cada un s'encarregava d'una part específica de l'enigma, i, d'aquesta manera, mantenien el flux constant de comunicació i col·laboració.

La transformació no es limitava a la biblioteca. Després de cada jornada d'investigació, els grups es dirigien al parc, que havia recobrat una vida vibrant. Aquell lloc, que abans havia sigut territori exclusiu de Marta i els seus amics, ara era un centre de reunió per a tota la comunitat estudiantil. Els bancs, abans desocupats, ara estaven plens de joves que discutien teories, compartien troballes i, alhora, gaudien de la companyia. L'aire estava ple de riures, converses animades i cruixits de passar pàgines. Marta, Elena, Lucas i Cora es van trobar el seu banc ocupat en més d'una ocasió, però tant els va fer. De fet, es van alegrar en veure els companys gaudir del lloc.

La comunitat de Vilaxarxes renaixia i tot el món formava part d'aquell canvi. Les divisions anteriors i la desconnexió, a causa de l'obsessió amb les pantalles, s'esvaïen, i quedaven substituïdes pels sentiments que es renovaven, en el seu interior, de pertànyer al lloc, tot compartint el mateix propòsit.

Cada racó del parc s'omplia de vida. Hi havia grups que discutien baix dels arbres; altres, repartits per la gespa, i alguns organitzaven xicotetes sessions de treball als bancs de pedra. L'entusiasme era palpable i cada dia que passava portava avanços i noves peces del trencaclosques dels Montenegro. Andrea va observar tota l'escena amb una satisfacció que tractava de dissimular, mentre passejava per la biblioteca, que estava de gom a gom. Les cares concentrades i els murmuris dels seus alumnes motivaven una sensació d'alegria, en ella, que anava més enllà d'una mera satisfacció personal. El que havia aconseguit era molt més profund que motivar els alumnes a aprovar un examen, sinó que havia aconseguit revitalitzar tota la comunitat. Els joves de Vilaxarxes estaven redescobrint el valor de la col·laboració, la investigació i la història compartida.

En cada carreró i cantó de Vilaxarxes, una nova vitalitat s'apoderava de l'ambient. Els passos ressonaven amb una energia renovada, que es podia palpar en l'aire fresc del matí i en el somriure del veïnat. Era evident que alguna cosa havia canviat. La dedicació i el compromís de l'alumnat de l'institut no només es manifestava a través de la seua espenta per desentranyar el misteri dels Montenegro, sinó també en la manera en què es relacionaven entre si.

Els mòbils i les tauletes digitals, que abans eren omnipresents i absorbents, havien deixat de ser el centre d'atenció. Per contra, ara, els joves portaven llibres entre les mans, documents antics —treta ja la pols— de les prestatgeries de la biblioteca i converses animades que fluïen de manera natural entre companys. Aquell canvi no només era evident en l'àmbit escolar. També s'havia estés arreu de la comunitat, i havia aconseguit teixir una xarxa d'interacció humana que semblava que havia estat latent i que esperava el moment oportú per a despertar.

Era com si el misteri dels Montenegro haguera sigut el catalitzador que la comunitat necessitava per a redescobrir la importància de la connexió humana.

Andrea sabia que sa mare estaria orgullosa d'aquell gran avanç. La matriarca de la família sempre havia valorat l'educació i la connexió comunitària. I veure la seua filla impulsar un canvi tan significatiu a Vilaxarxes hauria generat un gran orgull dins d'ella. Mentre observava com els estudiants treballaven conjuntament, Andrea va sentir una connexió amb el llegat de sa mare i la responsabilitat, encara més gran, de continuar fomentat l'esperit de comunitat. En aquell punt, continuava sense compartir la seua història personal amb ningú. Guardava, dins d'ella, el secret del seu vincle amb la família Montenegro, conscient que, si revelava aquella informació, la dinàmica del projecte podria canviar. Però, alhora, també sabia que el moment de dir-ho no tardaria a arribar. Els seus alumnes estaven demostrant tanta dedicació i tant de compromís que s'havien guanyat conéixer tota la veritat.

A mesura que avançaven les investigacions, desenterrant detalls oblidats i reconstruint la història dels Montenegro, Andrea sentia que també estaven desenterrant i construint una part d'ella mateixa. Cada peça nova del trencaclosques no només revelava nova informació de l'enigmàtica família, sinó que també abocava llum a aspectes de la seua pròpia vida i de la seua connexió amb el passat.

Andrea confiava que aquell renaixement no fora un fenomen passatger. Els joves de Vilaxarxes havien aprés a valorar la col·laboració i el treball en equip. Havien descobert que la història i la investigació no eren tasques solitàries, més aviat esforços comunitaris que requerien les aportacions de molts.

Vilaxarxes havia tornat a la vida i Andrea estava orgullosa d'haver-ne sigut parcialment responsable. Sabia que el futur de la comunitat estava en bones mans gràcies als joves que havien aprés el valor de la col·laboració, la investigació i la història compartida. I, sent-ne conscient, va trobar una pau i una satisfacció profundes, sabent que havia contribuït a un fet vertaderament significatiu.

Marta no podia contindre la seua felicitat mentre observava el bullici del seu voltant. El transcurs dels esdeveniments havia superat les seues expectatives més optimistes. I, ara, recordava les nits en què, en la soledat del seu dormitori, s'havia obsessionat amb la investigació dels

Montenegro. La frustració l'havia acompanyada durant setmanes mentre intentava avançar en la història. Només havia recorregut a internet i no havia obtingut cap resultat significatiu. Encara que buscava i buscava en tots els racons cibernètics, no aconseguia desentranyar els misteris que voltaven l'enigmàtica família. Tota sola, no havia sigut capaç d'avançar-hi, i aquella sensació d'impotència l'havia turmentada.

Però tot allò va canviar quan els seus companys es van unir a la causa. La col·laboració havia fet possible allò que pareixia impossible. Amb l'ajuda dels seus amics i companys, no només havia aconseguit un sense fi de fotos noves i informacions variades sobre l'estil de vida dels Montenegro, sinó que també havia tret una lliçó molt més valuosa: la inestimable ajuda de la resta. Marta havia comprés que cap biografia descarregada de Viquipèdia, o qualsevol font d'internet, podia comparar-se a la riquesa de col·laboració humana. Les converses, les idees compartides i l'entusiasme col·lectiu havien creat una sinergia que transcendia qualsevol recurs digital. Els seus companys li havien brindat perspectives i dades que mai hauria trobat pel seu compte.

La satisfacció que sentia no només emergia dels avanços en la investigació, sinó també del creixement personal que havia experimentat. Havia aprés a valorar la força del treball en equip i a confiar en el suport dels seus amics. S'havia sentit més connectada a la seua comunitat i més segura de si mateixa. Mentre observava com els seus companys treballaven conjuntament, Marta es va adonar que el projecte no només havia reviscut la història dels Montenegro, sinó que també havia transformat cada un d'ells. Ella ja no era la mateixa xica que es tancava al seu dormitori, lluitant contra la seua frustració. Ara, formava part d'un grup unit per un objectiu comú. Aquell canvi l'omplia d'orgull i esperança.

Sabia que aquell aprenentatge anava més enllà de l'examen final. Havia descobert el vertader poder de la col·laboració i la importància de demanar suport a la resta.

Marta va decidir que, per tal no entorpir el treball de la seua professora, era millor mantindre-hi la distància durant el desenvolupament de l'examen final. Sabia que Andrea estava jugant un paper fonamental guiant a tot l'alumnat en la investigació i no volia que l'estreta relació que tenia amb ella influïra en el procés d'aprenentatge de la resta. Respectava, molt seriosament, Andrea i li agraïa, en gran manera, que s'haguera involucrat en la seua obsessió per traure a la llum la història dels Montenegro. Ella no només havia confiat en Marta, sinó que també li havia confessat un secret molt personal: ella era el bebé d'una de les fotos trobades a la cabanya. Marta sentia que aquell acte de confiança era absolutament admirable i valent.

L'admiració que Marta sentia per Andrea va ser determinant en la seua decisió de guardar-se el secret amb la cura més gran possible. Mai no va fer esment, davant dels seus companys, d'allò que Andrea li havia confessat. Considerava que la història personal de la seua professora no només era privada, sinó que, alhora, era un gest de confiança que mereixia ser respectat. I així seria. Sabia que Andrea havia compartit el seu secret amb la intenció d'ajudar-hi. I no volia trair-la.

Mentre l'examen es desenvolupava, Marta es va centrar a treballar amb els seus companys, fent servir les xarxes socials i altres ferramentes permeses per tal de desentranyar la història dels Montenegro. Tot i que no va tornar a parlar directament amb Andrea del tema, cada avanç que feia en la investigació anava acompanyat d'un agraïment silenciós per a la seua professora. Sabia que, sense l'ajuda inicial d'Andrea, mai hauria arribat tan lluny.

Tenia present que, algun dia, potser quan tot estiguera resolt, podria tornar a parlar amb Andrea i agrair-li, de nou, el seu suport i la seua confiança. Però, en aquell moment, es va dedicar a mantindre el seu secret i a contribuir a l'esforç col·lectiu que estava transformant la seua vida i la de la resta dels companys.

Marta es va sentir més motivada que mai a continuar la investigació, sabia que estava respectant la voluntat d'Andrea i protegint la seua privacitat. El secret que compartia amb la seua professora li conferia una força especial, un recordatori constant de la importància de la confiança i la col·laboració. Mentre treballava amb els seus amics, Marta es va sentir segura que, amb el temps, tots descobririen els secrets dels Montenegro i, així, aconseguirien honorar l'esforç i la dedicació de tots els que s'hi havien involucrat.

No sabia si aconseguirien arribar a la veritat del cas dels Montenegro i la seua història a la vila. Suposava que Andrea els continuaria guiant, tot compartint la seua experiència per tal d'ajudar-los a desentranyar els misteris que encara els quedaven. En canvi, no podia preveure el futur ni endevinar quins nous reptes apareixerien en el seu camí. Però sí que hi havia una certesa que s'havia arrelat en el fons del seu cor: havia après una gran lliçó.

Les xarxes socials, amb el seu gran abast i la capacitat per a connectar persones, eren una ferramenta poderosa. Havien demostrat ser útils per a la seua investigació, ja que els havien permés contactar amb altres persones, compartir informació i construir una xarxa de suport que transcendia els límits físics de la seua xicoteta vila. Però Marta ja ho havia après: un gran poder comporta una gran responsabilitat.

Havia vist com la col·laboració i l'ús prudent i ètic de les ferramentes podia portar a grans troballes i enfortir la comunitat. Marta va entendre que les xarxes socials no només servien per a l'entreteniment superficial, sinó que podien ser utilitzades per a qüestions més significatives i transcendentals.

Marta va contagiar els seus amics Elena, Lucas i Cora del seu entusiasme. L'emoció pel gir dels esdeveniments es podia palpar en cada un dels gestos i paraules que compartien. Elena, per primera vegada, mostrava un veritable interés en els treballs escolars, de manera que dedicava hores d'investigació i anàlisi al misteri dels Montenegro. El seu compromís era evident i Marta s'alegrava de veure-la tan entregada. Lucas, per la seua banda, va sorprendre a tot el món quan es va obrir i es va mostrar tan sociable. Sempre s'havia mostrat reservat i una miqueta introvertit, però, ara, es mostrava extravertit i amigable amb tot el món, saludava els companys i es relacionava, fins i tot, amb alumnes de cursos superiors. Era evident que l'enigma de la selfie fantasmal havia despertat noves sensacions dins d'ell, una espurna de curiositat i camaraderia que el portava a explorar noves connexions i experiències.

Marta se sentia plenament commoguda en veure com aquell misteri no només havia transformat la seua pròpia perspectiva, sinó que també havia impactat positivament en la vida dels seus millors amics.